Le mort de la pleine lune

Jean-Marie Lebas de Lachesnay

LE MORT DE LA PLEINE LUNE

Roman

Éditions Mambolo

ISBN 978-2-9548370-1-7

À ceux que j'aime,

1

L'INCONNU

- Debout, espèce de vermine.

L'homme accompagna ses paroles d'un grand coup de pied dans le flanc gauche de Rodi. Ce dernier, allongé par terre, se recroquevilla tout en se protégeant le visage des deux mains. Il ne semblait pas être en mesure de se défendre.

- Que me veux-tu ? Je ne te connais pas, gémit-il.

Rodi était comme une bête apeurée, rampant pour s'éloigner de son agresseur.

- Ne t'inquiète pas. On va prendre le temps de se connaître, lui répondit l'inconnu en le soulevant et en le projetant au sol.

- Je suis un pauvre type de la rue. Il n'y a rien à voler ici.

- C'est seulement ta vie que je suis venu prendre.

2

LA SCENE DE CRIME

Jocelyn Virapoullé arriva à l'embouchure de la rivière des Roches vers 5h30, à l'heure où le soleil levant donne à la surface plane de la rivière et de la mer des reflets mordorés, doux et apaisants. Il avait du retard. Son réveil avait été pénible. Il avait peu dormi. Il n'arrivait toujours pas à comprendre pourquoi la pleine lune agissait ainsi sur son sommeil. Il avait lu quelque chose du genre : « Une sécrétion hormonale influencée par le cycle lunaire en serait la cause. Une piste intéressante à explorer ». Du charabia d'expert, pensait-il.

Apparemment, il n'était pas le seul à avoir produit une sécrétion néfaste à son repos. Il n'y a pas âme qui vive aux alentours ! De toute façon se dit-il, je n'ai besoin de personne pour relever les vouves. Cela fait désormais six ans que je suis l'employé de Marcellin, ce n'est pas lui qui fait le vrai travail. Alors que les autres patrons pêcheurs ont tout au plus deux chenaux, Marcellin, lui, en a quatre. Un chanceux ce Marcellin.

Jocelyn décida de commencer, seul, par la vouve la plus proche de la rive. Il entra dans le cours d'eau en maugréant, les pieds nus et le bermuda relevé jusqu'à l'aine. Elle lui sembla plus fraîche qu'à l'accoutumée. L'hiver austral s'attarde, pensa-t-il. Un frisson lui parcourut l'échine. Sa mâchoire se crispa. Il se fit la réflexion qu'avec l'âge il faudrait qu'il pense à mieux se protéger et qu'il porte une combinaison de plongée ! Jusqu'à présent, il avait résisté à ce qu'il considérait comme une camisole. Sa lente avancée provoquait la formation de vaguelettes que le courant gommait aussitôt. À l'approche du chenal, il buta sur un obstacle : « Merde, la vouve s'est déplacée ou alors c'est encore un jaloux qui a saccagé l'emplacement. Marcellin va être furieux ».

Il dut se résoudre à mettre sa lunette de plongée. Puis, il pencha la tête en avant et il l'enfonça légèrement pour constater l'étendue des dégâts.

- Oté ! Kossa lé là ? (Qu'est-ce que c'est que ça ?)

Jocelyn eut instinctivement un mouvement de recul. Son talon s'accrocha à un galet de bonne taille et il manqua de basculer en arrière. Sa mauvaise nuit lui aurait-elle dérangé l'esprit ? Après avoir retrouvé son équilibre, il replongea la tête dans l'eau. Mais non, ce n'était pas une hallucination, il y a bien un cadavre là-dessous. Posé à quatre-vingts centimètres du fond, à côté de la vouve, un corps d'adulte est étendu, face dirigée vers le lit de la rivière.

Le courant léger s'engouffre dans les jambes de son pantalon, les gonflant et lui donnant l'aspect d'une sorte de scaphandrier en position couchée.

L'aquanaute porte des chaussures de sport usées, sans chaussettes. Ses bras et ses mains sont regroupés sous son corps. De sa peau, on ne voit que ses chevilles. Il a la carnation d'un poulet de batterie. Crayeuse et acnéique. Une multitude de bichiques sont agrippées à sa nuque et derrière ses oreilles, s'accrochant à lui grâce à leurs ventouses ventrales.

Jocelyn fut envahi par un sentiment de panique irraisonnée. Peut-être que je suis en danger moi aussi. Peut-être qu'on me surveille. Là. Maintenant. De vives tensions existent depuis plusieurs mois entre les pêcheurs de bichiques et de chevaquines. De l'intimidation, on est passé au meurtre, il en est certain. La dernière fois, quelqu'un avait jeté de l'eau de Javel en amont, détruisant la pêche de toute une journée. Celui-là, il a été pris, mais d'autres, des braconniers, utilisent du decis, un insecticide puissant. Aujourd'hui, c'est une autre histoire, il y a un cadavre au milieu des bichiques.

- Éloignez-vous. C'est une scène de crime.

Les policiers arrivaient en se frayant un chemin au milieu des curieux regroupés autour de Jocelyn. Il n'avait touché à rien. Il était sorti de l'eau et s'était précipité vers la cabane de pêche pour récupérer son téléphone.

Son premier appel fut pour Marcellin, son patron.

Celui-ci sursauta à la sonnerie du téléphone, au grand regret de Mirina, la jolie métisse qui dormait à ses côtés. Elle espérait sans doute un réveil plus câlin. Elle aime l'avoir tout contre elle, lorsqu'elle émerge de sa torpeur, aux premières lueurs matutinales, et qu'elle sent naître son désir dans le creux de ses reins. Mais ce matin-là, c'est la tête de Marcellin qui semblait être en ébullition. Il était sorti prestement du lit et s'était posté face à la fenêtre, le portable en main. Il était pétrifié. Elle s'approcha et, tout en posant sa tête sur son épaule, elle l'enlaça comme pour lui dire : « je suis avec toi ». Elle avait compris qu'il serait inutile de lui demander quoi que ce soit. Quand Marcellin a des soucis, il ne les partage pas avec ses proches. Mirina savait qu'à un moment ou à un autre, il en parlerait spontanément. C'était sa façon de faire et cela ne la gênait pas. Elle ne croyait pas qu'il était nécessaire de tout se dire tout de suite. Elle avait confiance en lui. Son moment serait le bon.

Au-dehors, une brise légère faisait vibrer les feuilles du badamier trônant majestueusement au centre de la cour. La nénenne (aide-ménagère) s'affairait dans la cuisine extérieure. Comme chaque jour, elle avait dressé la table sur la véranda. Le parfum suave du café fumant et les assiettes ornées de fleurs d'hibiscus fraichement cueillies ne parvenaient cependant pas à faire retomber la tension qui s'était installée dans la maison.

- Le commissariat de Saint-Benoît ? Ici Marcellin Mangalou. On vient de découvrir un mort dans l'embouchure de la rivière des Roches. Un crime paraît-il. Il faudrait y aller tout de suite, il y a déjà beaucoup de monde là-bas.

Le brigadier-chef Cologon, accompagné de trois agents, avait fait quadriller toute la zone de pêche, toute l'embouchure, de la mer jusqu'à cent cinquante mètres à l'intérieur des terres. Il tentait de repousser les pêcheurs et les nombreux badauds qui s'étaient regroupés autour de la barrière de sécurité. Des membres de l'unité de police scientifique, arrivés une demi-heure plus tôt, étaient en train de retirer le corps du canal et le disposaient sur une bâche. En le retournant, on put voir les deux énormes pierres qui étaient attachées à ses poignets et à ses chevilles. Quelqu'un dans la foule, un homme, s'écria : « C'est Rodi le garçon de Marcellin. Le Bon Dieu la puni azot » (Le Bon Dieu l'a puni). Le brigadier se retourna pour essayer d'identifier le propriétaire de la voix, mais il ne vit que des visages impassibles. Un peu plus loin, l'équipe de Réunion1ère s'acharnait à interroger des gens qui n'avaient rien vu d'autre qu'un corps étendu sur la rive.

Marcellin se gara au moment même où Rodi était retiré de l'eau. Lorsqu'il arriva à hauteur de la cabane de pêche, son fils venait d'être identifié comme étant « le mort de la pleine lune ».

3

FRANCK LAW

À son arrivée sur les lieux, le lieutenant Law s'entretint successivement avec le brigadier-chef Cologon, le commandant Técher, responsable du Service Régional d'Identité Judiciaire, ainsi qu'avec Jocelyn Virapoullé. Il se dirigea ensuite vers la cabane de pêche.

Celle-ci se dresse sur un promontoire, surplombant une vaste zone, découvrant les nombreux canaux aménagés et entretenus par les concessionnaires, mais aussi une grande partie de la côte est. Au loin des maisons aux toits de tôles ondulées colorées, rouge, blanche, verte, bleu ; au milieu, des cocotiers, des manguiers et des flamboyants. Au pied des collines, des champs de canne à sucre à perte de vue. Et, sur la droite, un alignement de pandanus borde la plage de galets, maintenant caressée par une faible houle incessante. Cela lui rappela cette peinture naïve haïtienne qu'un ami lui avait offerte quelques années auparavant et, bien qu'il eût réellement aimé sa parenthèse niçoise, il se sentait vraiment chez lui, ici, dans cet environnement tropical, exubérant et sauvage.

Si ce n'était cette tragédie qui s'abattait sur Marcellin Mangalou, Franck Law aurait certainement échangé quelques mots avec lui sur la beauté du lieu et la chance qu'il avait de pouvoir l'admirer chaque jour.

Franck était en poste depuis deux ans. À l'annonce de sa nomination, les Réunionnais, toujours prompts au moucatage (moquerie), l'avaient aussitôt affublé du surnom de ChinHo, du nom de ce personnage de policier d'origine asiatique dans la série américaine Hawaï Police d'État. Certains avaient relevé la coïncidence avec le law anglais et ils s'en amusaient. Avait-il choisi son métier pour être en phase avec son patronyme ? Ceux-là le surnommaient « Lieutenant Loi ».

Les parents de Franck, d'ascendance cantonaise, envisageaient de lui transmettre le magasin d'électronique et d'équipements électroménager joliment dénommé « Au Bonheur de la Maison », que leur famille possédait depuis trois générations. Mais celui-ci avait, très tôt, manifesté son aversion pour le commerce. Des GPS, des aspirateurs ou des chaînes hifi posés sur des rayons à attendre qu'un quidam veuille bien s'y intéresser ! Il ne s'y voyait pas. L'atavisme familial avait buté sur sa détermination à devenir enquêteur.

Après six années passées à la gendarmerie de Nice et quatorze mois de stage au Centre National de la Police

Judiciaire de Fontainebleau, Franck Law avait demandé sa mutation dans son île natale. Un poste était à pourvoir et il avait immédiatement posé sa candidature. Maintenant qu'il est officier de police judiciaire, il avait, pensait-il, la légitimité pour prendre la responsabilité d'une Brigade de Recherches. Le commandant de gendarmerie de La Réunion a tout de suite vu l'intérêt que présenterait un tel élément au sein de sa brigade. Le lieutenant Franck Law serait le seul OPJ à parler le créole, le français, mais aussi le chinois.

Son dossier était solide : « Franck est brillant. Il est doté d'un vrai sens de l'observation et de l'écoute. Il possède le tact, la capacité d'analyse et la ténacité nécessaires à la conduite d'enquêtes longues et difficiles ».

Assis sur un fût métallique, dans l'unique pièce de l'abri, au milieu d'un désordre organisé, Marcellin Mangalou était dans une prostration triste et digne à la fois. À l'appel de Jocelyn, il avait tout de suite compris que la pêche serait compromise pour un temps. Des coups durs il en avait eu son lot, mais la mort brutale de son garçon ...

- Je n'avais pas vu mon fils depuis très longtemps, lieutenant. Huit ans peut-être. Ce n'est pas aujourd'hui que je le perds. Il s'était perdu lui-même. Depuis que sa mère est partie en métropole avec un z'oreil (français de métropole), il n'a plus voulu voir sa famille. On me disait qu'il vivait à droite à gauche, comme un va-nu-pieds.

L'alcool, la drogue, les voyous. C'était sa vie, semble-t-il. Je ne savais pas quoi faire pour lui. Déjà qu'il avait causé la ruine de son couple … elle en est morte.

- Qu'est-il arrivé ?

- Elle s'est suicidée en 2006, une année avant que la mère de Rodi parte. Elle a laissé une lettre. C'est ma femme qui l'a trouvée, à côté d'elle. Mon fils buvait depuis longtemps. Et puis le zamal, la violence. Tout ça. Amishi était fragile, influençable. Vous savez lieutenant, les prénoms des indo musulmans, qu'on appelle les z'arabes ici, ont une signification. Amishi veut dire « pure ». Oui, on peut dire d'Amishi qu'elle était pure et … naïve. C'est Rodi qui l'a souillée. Elle avait fini par succomber à la drogue, elle aussi. Rodi l'avait sous son emprise. Mon garçon, il avait tous les défauts de la terre, mais il était beau et il attirait les filles. Il les hypnotisait. Sa mère disait qu'il était un ange vénéneux, destructeur. Il lui aurait fallu un autre homme à Amishi. Solide et responsable. La famille n'a pas voulu de Rodi à l'enterrement. On peut les comprendre. Ma femme non plus n'a pas supporté la vie qu'il nous faisait mener. Elle est partie à la première occasion.

- Je vous remercie, monsieur. On va s'arrêter là. Je vous recontacterai. Il faudra que l'on parle de vos activités. Ah oui, encore une chose. Quelqu'un a utilisé le terme de punition quand il a découvert que votre fils était la victime. Je me trompe ou vous n'avez pas que des amis ?

- Eh bien, il y a bien des disputes de pêcheurs. Des jalousies pour le territoire de pêche. Parfois on en vient aux mains. Mais de là à tuer … je ne peux pas le croire.

Dites lieutenant, quand est-ce que l'on va pouvoir reprendre la pêche ? On est en pleine saison. J'ai déjà perdu ma femme, ma fille est partie avec sa mère et maintenant mon fils est mort. Je ne peux pas perdre mon travail en plus !

- Deux ou trois jours tout au plus. Il faudra bien ce délai pour passer la scène de crime au peigne fin.

En quittant la cabane de pêche, Franck se dit que Marcellin Mangalou n'était pas accablé outre mesure. Il s'était, semble-t-il, résigné, et depuis longtemps, à l'absence de son garçon. Voire à sa disparition. Curieusement, il lui a paru plus touché par celle de la jeune fille, Amishi, qu'à celle de son propre fils ! D'une certaine façon, Marcellin Mangalou semblait rendre son fils responsable du départ de sa femme et de la mort d'Amishi.

Lui en a-t-il voulu au point de désirer sa mort ?

4

SALOME ANICETTE, LEGISTE

- Allo, madame la juge ? C'est le docteur Anicette. Il faut que je vous voie dès que possible. J'ai terminé l'autopsie de Rodi Mangalou. Les analyses toxicologiques sont également terminées. Je souhaite vous faire part du résultat et j'ai des éléments qui vous intéresseront. Rappelez-moi s'il vous plaît.

Salomé Anicette se dit, comme souvent, que décidément, elle faisait un drôle de métier. Faire parler les morts au pays des « gratteurs de p'tit bois » et des « tisaneurs » l'amusait beaucoup.

Le cadavre de Rodi Mangalou avait séjourné dans l'eau dix ou douze heures tout au plus. Une chance pour elle qui déteste travailler dans la puanteur des chairs en décomposition. Pour le reste, elle a fini par s'habituer. Désormais, elle ne voit dans ces corps sortis des housses mortuaires, que des pièces à conviction qu'il faut disséquer et analyser. Une fois ses investigations terminées et ses premières conclusions établies, Salomé refermera le tout puis elle enverra le macchabée dans un tiroir de la chambre froide, avec son étiquette autour de la cheville gauche. Elle fait cela aussi naturellement qu'un aide-comptable le ferait en rangeant son stylo et sa gomme dans le tiroir de son bureau avant de rentrer chez lui, avec le sentiment du devoir accompli.

En réalité, c'est pour Anatole, son compagnon, que cela a été difficile. Le chéri rechigne à la toucher dans les heures qui suivent une nécropsie. Même pas un petit baiser du bout des lèvres. Mais pour Salomé, chéri s'adapte ou chéri s'en va. Et chéri semble s'adapter.

Salomé avait fait intervenir un ancien amant, un professeur de sa faculté de médecine, afin d'obtenir ce poste envié. Les candidatures avaient été nombreuses et pour cause, les postulants avaient compris que ce serait un tremplin formidable après le fiasco du début. En effet, le premier cas soumis à l'Institut Médico-Légal de Saint-Denis de La Réunion, avait provoqué la risée de toute la communauté médicale de France, mais aussi du Royaume-Uni. Et, que dire des Réunionnais eux-mêmes ! Le légiste de l'époque avait juste ignoré le coup de couteau dans le flanc ainsi que le viol de la victime, un consultant en sécurité de nationalité britannique ! Il avait conclu à un décès accidentel dû à une chute. La victime, précisait-il, « avait ingurgité une dose d'alcool propre à le faire mourir debout ». Les Britanniques ne s'étaient pas privés de baver sur l'incompétence légendaire des Français, fussent-ils domiens.

Celui ou celle qui réussirait à faire oublier cette mésaventure grotesque serait à coup sûr dans les petits papiers de l'administration.

- Salomé Anicette. J'écoute.

- Oui docteur. Blandine Béjot. Merci de votre appel. Je n'ai pas le temps de passer vous voir avant deux jours. Alors, qu'avez-vous découvert ?

- Écoutez madame la juge, le lieutenant Law aura le rapport complet à la première heure demain matin. Il a assisté aux opérations et il a effectué les clichés d'usage.

Ce que je peux vous dire en résumé, c'est qu'il n'est pas mort de noyade. Il a succombé à une overdose due à l'absorption de datura, une plante de la famille des solanacées comme la mandragore ou la belladone. On a aussi noté la présence massive de zamal, le cannabis local, ainsi que de rhum. Vu l'état de son foie, « lu la dû boire la rak avant d'avoir eu la tétine » comme on dit par ici. (Il a dû boire du rhum avant même sa première tétine).

L'autre point, plus curieux, c'est la présence d'un bijou dans son estomac. Une bague de qualité médiocre. De la pacotille. Elle a été ingérée quelques heures avant sa mort qui est survenue entre dix-neuf heures et minuit samedi dernier, le 11.

- Je vous remercie, docteur. Je vous appelle pour un déjeuner dès que possible. Ce n'est pas utile, j'imagine, de vous rappeler qu'aucun détail ne doit filtrer à l'extérieur. À très bientôt.

5

DOMICILE DE MARCELLIN MANGALOU

Marcellin Mangalou habite une jolie demeure typique des grands domaines réunionnais d'antan, mais de dimension bien plus modeste. La cour de terre battue est agrémentée de parterres fleuris impeccablement entretenus. Frangipaniers, hibiscus et bougainvillées offrent leurs couleurs et leurs senteurs exquises. Quelques arbres fruitiers, cocotiers, litchis et manguiers viennent prêter main-forte à l'imposant badamier, pour protéger la maison des rayons ardents du soleil d'après-midi.

Dans l'angle gauche du jardin, donnant sur la rue, un guetali orné de lambrequins identiques à ceux de la maison est idéalement placé. De cette gloriette, on doit pouvoir, à l'abri et en toute discrétion, observer les passants et épier ses voisins.

L'avant de la maison, de forme rectangulaire, est

presque entièrement occupé par une vaste véranda au sol de ciment rouge soigneusement lustré. Deux ou trois marches permettent d'accéder à cette varangue et son mobilier de bois noble : fauteuils créoles de style Compagnie des Indes, en tamarinier, cannés en nid d'abeilles ; dagoberts en camphre ; guéridons de bois de natte avec ses fanjans de capillaires et de fougères ; nappes brodées de Cilaos sur la table ...

L'instant d'un flashback on put y voir une gramoune (vieille personne) parée d'un fichu, reprisant des chaussettes et des bas enfilés sur un coquillage. Une porcelaine tigre.

- Vous habitez un bien bel endroit, Monsieur Mangalou.

- Je suis d'accord avec vous, lieutenant. Des amis qui ont un peu voyagé me disent que ça leur rappelle Pondichéry. Un jour, j'irai là-bas, sur la trace de mes ancêtres.

Je l'ai achetée en 2002. J'ai laissé la précédente, plus petite, à Rodi et Amishi. On a tout pris, la maison et les meubles. À vrai dire, c'est plus le style de ma femme. Moi, à l'époque, c'était plutôt le formica et le pin nordique. J'ai fini par prendre goût à la beauté et à la quiétude de l'ensemble.

- Comme je vous l'ai dit le jour de la découverte de votre fils, je voudrais que vous me parliez de votre métier. Pas comme à un gendarme, mais comme à une de vos connaissances, ignare du sujet. Faites-le comme ça vous vient.

- Je crois bien que c'est la première fois que quelqu'un s'intéresse à mon travail, lieutenant. Ma famille a été parmi les premières à pratiquer la pêche de la bichique. Je ne pourrais pas vous dire à quand ça remonte, mais de mémoire d'homme, notre nom a toujours été associé à cette tradition. Il n'y a pas eu d'attribution des canaux de pêche en ce temps-là. On faisait comme cela se pratiquait dans les régions non administrées ; c'est le premier qui s'installait qui avait la propriété du chenal. Mon arrière-grand-père racontait, qu'à Madagascar, alors colonie française, vous étiez propriétaire de fait du lopin de terre, dès lors que vous y plantiez un cocotier. Et si votre femme, votre cousin ou votre fils en plantaient également, à côté du vôtre, eh bien, votre famille finissait par avoir un vrai domaine. Pour nous, cela s'est passé de cette manière selon lui.

Marcellin Mangalou fit une brève pause. À l'évocation de sa famille, son esprit sembla s'être momentanément égaré dans un univers pour lui définitivement disparu et, malgré sa masse imposante et la force naturelle qui se dégageait de lui, il offrit pendant ce court instant le visage d'un petit garçon qui aurait aimé que sa maman le serre fort dans ses bras.

... La bichique a toujours été très appréciée des Réunionnais, mais sa commercialisation était confidentielle, limitée à une zone géographique restreinte. Dans le temps, le seul moyen de transport était la charrette tirée par des bœufs, alors les pêcheurs étaient peu nombreux. Il n'y avait que les plus aisés, les grands propriétaires, les commerçants chinois ou z'arabes qui pouvaient envoyer leurs commis en acheter sur place. Ils arrivaient au galop, à dos de cheval, après plusieurs heures de voyage. Parfois, ils étaient obligés de rester sur place jusqu'à ce que la pêche soit fructueuse. Les plus malins venaient seulement à la saison des pluies, car ils avaient constaté que la montaison des alevins était plus fréquente en cette période. Pour les garder au frais le plus longtemps possible, un des leurs avait fabriqué un soubik (panier tissé) à double paroi ; chacune des parois était recouverte de feuilles de bananier ou de songe. Tous les commis se sont ensuite appropriés l'ingénieux système.

On prélevait seulement ce qu'on était capable de vendre aux plus riches, et de quoi remplir un grand panier en bambou. Après le passage des commis, on partait, avec le panier sur la tête, et on arpentait les rues en criant : bichique la monté, (la bichique est arrivée). À 3,20 francs CFA le kilo, on n'était pas sûr de tout vendre.

Bien que cela ne veuille absolument rien dire, Franck chercha mentalement à convertir ce prix en euros et à évaluer ce que cela pouvait signifier à cette époque, mais il n'en eut pas le temps. Marcellin Mangalou poursuivit.

- Aujourd'hui, vous vendez toute votre pêche à 6h30 et, à 8h au plus tard ça frétille déjà sur les étals du Grand Marché, et dans les paniers, sur les bas-côtés des routes. La demande est tellement forte que les prix atteignent des sommets. Au prix de gros, sur le bord de la rivière, on vous propose 35 euros le kilo. Au détail, chacun fait ce qu'il veut, c'est le Far West. L'année dernière, c'est monté à 55 euros du kilo. Les bichiques, lieutenant, plus il y en a plus c'est cher. Les restaurateurs remplissent leurs congélateurs de peur d'en manquer.

Sur certaines cartes, on peut lire : « Le spécialiste du véritable caviar créole ». Il y en a même un qui propose « la bichique polynésienne » : marinées dans du lait de coco parfumé à la citronnelle et au jus de citron vert ! Les touristes se mettent désormais de la partie. Les tables sont toutes occupées. Et puis, vous avez la fête annuelle, avec l'élection de Miss Bichique. Vous imaginez sans peine les critères. On pourrait tout aussi bien parler de Miss Brindille. Dans ces conditions, il y a une compétition pour s'arroger de nouveaux territoires de pêche, ou pour tenter de récupérer ceux qui sont déjà occupés. Je vous raconte tout ça, mais vous le savez déjà. Vous êtes d'ici.

- Pour être tout à fait honnête, je me suis contenté de les déguster. J'ignore beaucoup de choses. Vous pensez qu'on pourrait tuer quelqu'un pour ça ? Ça en vaut vraiment la peine ?

- À ma connaissance lieutenant, nous sommes trois dans l'île à dépasser régulièrement deux tonnes et demie de capture par saison. L'investissement et les frais sont quasiment nuls, la technique de pêche est rudimentaire, on vend sur place et les clients se bousculent. Alors, depuis le début de la crise économique et l'aggravation du chômage, les manifestations de jalousie sont en augmentation. Et c'est de pire en pire. Mais, je ne crois pas que ce sont des pêcheurs qui ont fait ça. Je vous parlais du Far West, car les propriétaires de mines d'or avaient les mêmes difficultés. Mon chenal, c'est ma mine et je n'ai pas besoin de creuser.

Vous comprenez, les gens, ils se disent qu'il n'y a pas de raison que ma concession soit aussi importante. Que je n'aie rien fait pour la mériter. Qu'une meilleure répartition s'impose.

- La communauté des pêcheurs n'est pas très importante. Vous devez bien les connaître les personnes qui commettent ces dégradations, non ?

- On en soupçonne plusieurs, mais on n'en a pris qu'un sur le fait, en février dernier. Et ce n'était même pas un pêcheur, mais un criminel ... Quand on jette des pesticides dans la rivière, on peut le faire à n'importe quel endroit en amont. Et l'endroit n'est pas surveillé. Avec ce qui vient de se passer, la fédération va peut-être nous écouter et prendre des mesures. Jusqu'à présent, on ne voulait pas ébruiter ces évènements de peur que les prix chutent. Les pesticides, l'eau de Javel, ça vous transforme votre or en plomb. Je ne connais aucun pêcheur capable de percer la barque qui le transporte. Les bagarres, c'est souvent pour des canaux mal entretenus, des vouves de trop grand diamètre. Vous voyez, lieutenant. Des choses comme ça. Rien de bien grave en somme.

6

BLANDINE BEJOT, JUGE D'INSTRUCTION

Salomé Anicette était déjà là. Le lieutenant Law entra en même temps que le commandant Técher. Le procureur, Marc Gobbi, s'était fait excuser, mais la juge s'en fichait de son absence. Si elle le conviait, c'était par pure courtoisie professionnelle. Elle n'y était pas obligée. Entre Blandine Béjot et le procureur, ce n'était pas l'entente cordiale. Qu'il s'absente durant plusieurs heures chaque semaine pour s'envoyer en l'air avec ses maîtresses, elle ne pouvait pas le supporter. Ou alors elle l'enviait. Ou bien elle aurait aimé en être. Allez savoir. Elle avait songé sérieusement à le dénoncer à sa hiérarchie, mais son mari de l'époque l'en avait dissuadée. Il était même choqué par cette idée : « Imagine que son responsable hiérarchique entretienne également une liaison extraconjugale, ou bien même que sa femme est au courant, ou bien qu'elle-même a un amant … et puis tu sais, il y a la morale et il y a le droit.

Je ne vais pas te l'apprendre ». On raconte que c'est à partir de ce moment-là qu'il a commencé à s'éloigner d'elle.

- Bien. Tout le monde est là. Vous avez eu connaissance du rapport établi par mes collaborateurs à partir des éléments que vous m'avez fourni.

Je souhaite que nous fassions un point sur les éléments dont nous disposons concernant la mort de Rodi Mangalou et que chacun formule, s'il en a, des hypothèses quant aux circonstances et aux motifs de ce drame. Docteur ?

En entendant la demande de la juge Béjot sur les hypothèses et les motifs de la mort de Rodi, Franck se dit que cela ressemblait fort à du brainstorming, du remue-méninge. Ce n'était pas du tout dans les pratiques de la justice ! Cette méthode participative et efficace, sous prétexte d'une technique de management moderne, avait aussi pour but de laisser à d'autres le soin de faire le travail de réflexion et d'analyse ... puis d'en tirer profit.

- La mort est survenue le samedi 11 octobre entre 19 heures et minuit. L'overdose est certaine. Le mélange du datura, du zamal et de l'alcool est un facteur aggravant, mais la dose de datura retrouvée, aurait pu à elle seule, provoquer le décès. En France, elle a été longtemps considérée comme une plante maléfique, utilisée pour la pratique de la magie noire comme la belladone, la mandragore ou la jusquiame. Ses « vertus » sont connues depuis le dix-septième siècle. Elle a également été présente dans la pharmacopée antiasthmatique sous forme de cigarette, interdite en France depuis 1992, après la noyade d'un étudiant. Le hollandais Jan Huygen van Linschoten dans « L'histoire de la navigation » décrit l'utilisation du Dutroa ou Daturé, autres noms du datura en Inde, et en particulier à Goa contrôlée alors par les Portugais. S'il peut y avoir un usage thérapeutique du datura, sa consommation récréative, mal dosée, provoque des effets secondaires graves avec des conséquences sur le système nerveux parasympathique aboutissant parfois, comme c'est le cas ici, à la mort par arrêt cardiaque.

- Parasympathique ?

- Excusez-moi. J'oublie quelquefois que j'utilise le jargon médical ... On l'appelle plus communément le système vagal.

Le datura est classé comme psychotrope et hallucinogène délirant. Ses alcaloïdes provoquent un état confusionnel assimilé à un début de psychose aiguë. Distinguer son environnement extérieur de son monde intérieur devient problématique, mais ce monde reste souvent réaliste. On n'a pas le sentiment d'être sous l'emprise d'une drogue. Les témoignages de consommateurs ou de scientifiques sont nombreux. Il y en a un, déniché sur le Net qui illustre bien les symptômes de cet état délirant. Je vous le cite : « Il y a tout d'abord les hallucinations auditives avec l'impression que des personnes ou des objets te parlent ; ceux-là peuvent être présents, ou pas. On note des confusions au niveau des couleurs, des visions d'animaux, de personnes ou d'objets absents. L'impression que des objets inanimés prennent vie (les murs parlent, les objets se déplacent sur leurs petites jambes). Il existe aussi des hallucinations au niveau des sensations avec l'impression de voler, de ne pas ressentir la douleur, de devenir un animal... Enfin, les effets du datura se traduisent par un état important de confusion qui peut rendre la personne incapable de faire quoi que ce soit ».

- Merci Docteur. Y a-t-il d'autres points qui peuvent nous éclairer davantage ?

- Rodi Mangalou était un adepte récent du datura. L'analyse des tissus internes le révèle. La substance a été très certainement obtenue par décoction des racines qui contiennent la concentration la plus importante des principes actifs. Si l'on peut dire ...

- Qu'est que vous en concluez ?

- Ce n'est qu'une supposition, mais je crois que Rodi Mangalou n'a découvert l'existence du datura que très récemment, soit par hasard soit à l'issue d'une rencontre occasionnelle.

- Qu'est-ce qui vous fait dire cela ?

- Le datura est une plante sauvage que l'on rencontre un peu partout sur l'île. Il me paraîtrait étonnant que compte tenu de son addiction ancienne au zamal, Rodi Mangalou ne se soit pas aventuré naturellement vers le datura. Mortel certes, mais accessible, gratuit et facile à préparer. Avec la vie qu'il paraissait mener, la peur de la mort n'aurait pas été un frein, me semble-t-il.

- Merci Docteur. Je vois que votre expertise ne s'arrête pas aux seuls viscères des victimes, mais qu'elle s'étend également au subconscient des cadavres que l'on vous confie. Et la bague, vous ne nous dites rien de la bague ?

- Non madame la juge. Je n'ai pas d'explication particulière quant à sa présence dans le corps de la victime. Elle était dans son estomac, c'est tout.

- Merci. Et vous, Commandant ?

- Pour mes équipiers et moi, le constat est assez simple. Le corps a été transporté sur la rive, puis on lui a attaché les poignets et les chevilles, lesté avec des pierres de 6 et 8 kilos. Puis, il a été posé soigneusement dans l'eau. Je dis posé car s'il y avait été jeté, il n'aurait pas eu cette position parfaitement parallèle à la vouve. Et surtout, il y aurait eu des traces, des marques significatives provoquées par les pierres. N'est-ce pas, docteur ?

- En effet commandant. Il n'y avait aucune trace de cette nature.

- Sauf si les pierres ont été attachées une fois le corps immergé, intervint le lieutenant Law.

- Nous avons évalué cette possibilité et nous ne l'avons pas retenue en première hypothèse. En cette période de pleine lune, personne n'aurait pris le risque d'être repéré. Cela devait donc se faire le plus rapidement possible. Mais vous avez raison, on ne peut pas l'exclure totalement. Il fallait être deux ou bien être un gaillard sportif et bien entraîné. On peut entrer et ressortir de la rivière à n'importe quel endroit, en amont. La profondeur maximale est de quatre-vingt-dix centimètres dans tout l'estuaire. Nous avons ratissé toute la zone ainsi que le parking. Il n'y a aucun indice

JM LEBAS DE LACHESNAY

permettant de déterminer exactement la façon de procéder du meurtrier ou de celui qui l'a emmené là.

- Du meurtrier ou de celui qui ... mais commandant, tout porte à croire qu'il y a eu préméditation, intervint la juge Béjot.

- Ce dont nous sommes sûrs à ce stade, c'est qu'un corps sans vie a été lesté et installé dans la rivière. Est-ce une overdose survenue accidentellement au cours d'une « drug-party » avec d'autres individus ? S'est-on débarrassé du corps pour le restituer à son père par ce biais ? A-t-il succombé seul puis été découvert par un compagnon de galère qui s'en serait délesté pour ne pas y être mêlé ? Bien sûr, il y a les poignets et les chevilles attachés ainsi que les pierres. Et la bague. C'est une bague fantaisie réalisée avec un alliage léger. On peut en trouver sur tous les marchés de France et de Navarre, mais aussi comme récompense dans les fêtes foraines. Vous lancez une boule compacte de chiffons sur une pyramide de trois moques en tôle, vous les faites tomber et vous repartez avec votre trésor en toc.

- Merci commandant. Lieutenant ?

- Je partage ce qui vient d'être dit. Cependant, il faut les compléter. Un, on ne sait pas où Rodi est mort, mais sûrement pas sur les bords de la rivière des Roches. Ce qui veut dire que ça peut être n'importe où dans l'île. Deux, il existe une lutte pour une meilleure répartition des chenaux de pêche et, Marcellin Mangalou possède la concession la plus importante. S'il s'agit d'une opération d'intimidation, alors la préméditation ne peut être écartée. La bague n'apporte aucun éclairage supplémentaire. On peut seulement s'interroger sur la raison de sa présence dans son estomac. Enfin, la petite amie de Rodi, Amishi Patel, une fille de commerçants z'arabes, est morte en 2006. Suicide. Rodi était violent avec elle. Il l'avait transformée en junkie. C'est comme ça qu'on le disait, mais en réalité il s'agissait de drogue douce. Du zamal. Et même si cela s'est produit il y a huit ans, on ne peut pas écarter l'hypothèse d'une vengeance familiale. Donc d'un acte prémédité. Vous l'aurez compris, nous n'avons rien. Tout est ouvert et tout reste à faire.

- Nous allons alors devoir nous raccrocher à trois pistes : les pêcheurs, la famille d'Amishi et les vagabonds, conclut la juge. Merci Docteur. Merci Commandant. Désormais, c'est le lieutenant qui dirige l'enquête sous mon contrôle. Et nous sommes les seules personnes habilitées à communiquer sur cette affaire. Nous n'hésiterons pas à revenir vers vous au besoin ... Je sais que je vous casse les pieds avec ça, mais je tiens à nouveau à le rappeler : rien de ce qui a été dit dans cette pièce ne doit filtrer au-dehors. Ceci est d'autant plus important que nous n'avons rien.

7

DOMICILE DE DOUNIA ET SULAYMAN PATEL

Les Patel représentent 12% de la population du Gujarat indien, une province aussi peuplée que la France métropolitaine, située au Nord-Ouest de l'Inde, à la frontière du Pakistan. Le Gujarat couvre en réalité une vaste région entre le Pakistan et l'Inde, avant que des frontières politiques fussent dressées.

La caste des Patel est une caste aisée de fermiers, d'hommes d'affaires et de commerçants, avec une longue pratique de la migration due à d'anciennes traditions maritime et marchande. Leur diaspora est extrêmement importante. Il y en a dans tous les domaines et, parfois même, au sommet des pouvoirs aussi bien en Inde qu'à l'extérieur. On a pu le voir sur toutes les télévisions du monde quand, lors des funérailles de Nelson Mandela, on découvrit les Patel de l'entourage du prix Nobel de la paix. On put alors y voir des saris côtoyant les tenues traditionnelles zoulous sud-africaines. Récemment, David Cameron a également nommé une Patel dans son cabinet.

Les parents d'Amishi Patel sont, eux, des descendants des premiers volontaires indiens gujaratis. Des agriculteurs ayant émigré pour raisons économiques, tout de suite après l'abolition de l'esclavage. Leur commerce de tissu et de chaussures est idéalement situé. Ils vivent bien et ils partagent avec les autres communautés de l'île cette idée du vivre ensemble qui fait la fierté des Réunionnais. Leur génération n'a connu que l'endogamie, mais l'évolution de nos sociétés et l'occidentalisation du territoire devenu département ont, petit à petit, fait tomber les barrières communautaires.

« Coulèr la peau la pas coulèr lo ker » (La couleur de la peau n'est pas la couleur du cœur).

Le lieutenant Law allait, il le savait, réveiller de douloureux souvenirs. Mais il se rassura et se dit que l'annonce du décès de Rodi, « le mort de la pleine lune » comme l'avait titré la presse, avait déjà fait ressurgir à n'en pas douter, le fantôme d'Amishi.

Les Patel paraissent plus jeunes qu'il ne l'avait imaginé. Elle, Dounia, plutôt rondelette, le port altier, est habillée d'un magnifique saroual et d'un châle lui recouvrant élégamment la tête. Elle se tient à la droite de son mari Sulayman. Il est d'une maigreur effrayante, légèrement courbé et il porte une kourta, cette longue et ample tunique traditionnelle des indo musulmans. Le contraste entre eux est frappant.

Franck s'attendait à ce que ce soit elle qui lui réponde mais ce ne fut pas le cas.

- On aurait voulu que notre Amishi fréquente un garçon de notre communauté mais … Si au moins elle était tombée sur quelqu'un de bien. Elle croyait au prince charmant, et elle est tombée sur ce Rodi …

- Un salopard, une vermine. J'espère qu'il a souffert, trancha Dounia Patel.

- Nous n'avons rien vu venir. Elle était avec ce garçon depuis des années. Cinq ou six peut-être. Je ne me souviens plus de son nom …

- Laurentin, coupa sa femme.

- … ils étaient faits l'un pour l'autre, inséparables. Des tonnes de SMS échangés. Les cinés, les balades main dans la main au Barachois, la musique qu'ils écoutaient avec une oreillette partagée, la librairie Autrement où ils passaient du temps à lire des BD … Excusez-moi lieutenant, dit-il en prenant sa femme dans ses bras, lui essuyant tendrement les larmes qui perlaient sur son visage.

- Je vous en prie, monsieur Patel.

- Tout a basculé en une semaine. Elle paraissait envoûtée par ce Rodi. L'autre, Laurentin, il n'existait plus. Notre fille était méconnaissable. C'est comme si elle venait de découvrir la possibilité de nouveaux territoires à explorer, inenvisageable jusqu'alors.

Elle nous a dit : « Je pars ». Brutalement. Son ton était plein de reproches : « Je ne mènerai pas une vie étriquée. Celle à laquelle vous m'avez préparée ». Le lendemain, la maison était vide et silencieuse. Notre unique fille était sur la route avec ce vagabond, nous laissant dans la souffrance et la culpabilité. Elle avait raison. Nous ne l'avions pas préparée à une vie faite d'instabilité et de dangers. Vous en connaissez, lieutenant, des parents qui font cela ?

En entendant Sulayman Patel évoquer le départ de sa fille, Franck se remémora les paroles de She's Leaving Home, la chanson de John Lennon et de Paul McCartney que son père a écouté en boucle pendant des années. Comme tout l'album Sergent Pepper's Lonely Hearts Club Band, d'ailleurs.

« *Wednesday morning at five o'clock as the day begins, silently closing her bedroom door, Leaving the note that she hoped would say more, she goes downstairs to the kitchen clutching her handkerchief, quietly turning the backdoor key, stepping outside she is free.*

Mercredi matin à cinq heures alors que le jour se lève, fermant silencieusement la porte de sa chambre, laissant le mot dont elle aurait espéré qu'il en dise plus, elle descend à la cuisine serrant son mouchoir, tournant calmement la clé de la porte de derrière, marchant dehors elle est libre.

Father snores as his wife gets into her dressing gown, picks up the letter that's lying there, standing alone at the top of the stairs, she breaks down and cries to her husband "Daddy our baby's gone, why would she treat us so thoughtlessly? How could she do this to me?"

Le père ronfle tandis que sa femme met sa robe de chambre, ramasse la lettre qui traîne là, se dresse, seule, en haut des escaliers, elle fond en larmes et crie à son mari, papa notre bébé

est parti, pourquoi nous avoir traité de manière si irréfléchie,
comment peut-elle m'avoir fait ça ? »

Franck s'imaginait Dounia Patel en train de
prononcer ces mots simples mais puissants. Des mots
témoignant d'un très grand désarroi : « Daddy our
baby's gone ».

l attendait un meilleur moment pour aborder son
principal sujet. Il fallait que ces gens laissent d'abord
parler leurs émotions. Franck a toujours considéré que
l'empathie et la compassion étaient des qualités
indispensables à un bon enquêteur. Il n'avait pas choisi
le grand banditisme, là où la bienveillance et la
commisération étaient plutôt handicapantes.

- C'est elle ici, sur la photo ?

- Oui lieutenant. C'était un mois environ avant
qu'elle quitte le domicile, en 2002. Nous n'en avons pas
eu d'autres depuis.

Amishi était une très belle jeune fille. Sa
ressemblance avec Amal Allamudin, était saisissante. Si
Georges Clooney était passé par là, il aurait sans doute
adopté la Mare à Poule d'Eau plutôt que le Lago di
Como.

De grands yeux de biche, des cheveux noirs de jais,
des sourcils en accent circonflexe, une bouche
superbement dessinée et un cou gracile. Et ses pupilles !
Immenses ses pupilles !

Une princesse orientale hollywoodienne ! Ils
devaient former un très beau couple, Rodi et elle, pensa-
t-il.

- Elle avait vingt ans. Depuis, nous ne l'avons revue qu'à deux reprises. Une fois, nous avons tenté de lui parler mais il est intervenu : « Laissez-nous tranquilles. Votre fille est majeure et elle m'aime. Elle est heureuse avec moi. Pas vrai, Amishi ? » Amishi n'a pas répondu. Elle s'est contentée de nous adresser, le regard fuyant, un sourire triste et peu amène. C'était vraiment fini. Et puis il y a eu le drame ... deux ans plus tard.

Franck comprit que Sulayman Patel parlait du suicide de sa fille. Refuser d'en prononcer le mot, comme une forme de dérobade qui annulait inconsciemment le geste et la volonté de se soustraire la vie et qui rendait la réalité plus supportable émotionnellement. N'en demeurait que la conséquence. Le drame.

Dounia Patel ne disait rien mais des larmes abondantes ruisselaient sur ses joues. Franck essayait de se figurer ce qui a pu se passer dans ce couple après une telle tragédie. Des reproches inévitables : « si tu avais été moins ceci, si tu avais été plus cela » Peut-être même des disputes violentes. De la colère très certainement. Sans parler de l'exécration envers Rodi. Le sentiment illusoire que rien ne serait arrivé s'ils avaient été de meilleurs parents. Le deuil impossible et l'absence irremplaçable.

Ces deux-là, se dit-il, avaient été suffisamment solides pour résister à ce grand malheur qui les avait frappés. Il profita de l'évocation de la mort d'Amishi pour entrer dans le vif du sujet. La partie allait être délicate. Il n'avait qu'un seul argument pour obtenir gain de cause.

- Je sais qu'elle a laissé une lettre. Elle vous a été restituée et je souhaiterais la voir ...

Madame Patel se figea.

- Pour quoi faire, Monsieur ? dit-elle véhémentement.

- Écoutez. Dans une enquête comme celle-ci, tout ce qui permet de comprendre le contexte ...

- Vous comptez sur nous pour permettre à la justice de retrouver celui qui nous a débarrassé de cette ordure ?

- Il y a deux aspects à prendre en compte, Madame, et je voudrais que vous me permettiez de vous les exposer. Après, vous serez bien sûr libres de m'aider ou pas.

- Écoutons le lieutenant, chérie, intervint prudemment son mari.

Franck retint un instant sa respiration pour calmer l'accélération soudaine des battements de son cœur. Il a cru pendant un instant qu'il n'obtiendrait pas ce qu'il était venu chercher. Il inspira profondément et reprit.

- Merci. Tout d'abord ce qu'il faut bien comprendre c'est que, même sans aide, nous le bouclerons. Cela prendra plus de temps mais on finit toujours par y arriver. Ensuite, vous devez savoir qu'un jury d'assises est bien plus indulgent à l'égard du meurtrier d'un sale type. Si cette lettre contient des informations montrant le caractère nuisible de cette personne, vous contribuerez à faire diminuer la peine de son assassin.

Dounia et Sulayman Patel, se consultèrent du regard puis s'éloignèrent quelques instants. Franck sut alors que son argument avait fait mouche. Après un court échange, ils revinrent avec une enveloppe de moyen format qu'ils lui remirent.

- Pouvez-vous en faire des copies et nous les restituer rapidement ? Il y a la lettre et deux ou trois mails, précisa Sulayman.

Le lieutenant jeta brièvement un coup d'œil dans l'enveloppe et la referma.

- Je vous remercie infiniment. Je reviens vous les rapporter dans une heure ou deux.

- Dans ce cas, passez au magasin, rue du Maréchal-Leclerc. C'est juste à côté de la mosquée.

Franck sortit éprouvé du domicile des Patel. Malgré la distance qu'il essaie de toujours garder dans ces circonstances, le chagrin immense et encore palpable de Dounia l'avait ébranlé. Ses années d'expérience ne lui avaient pas permis de se constituer une carapace et au fond, cela le rassurait.

8

THIERRY ET MAX LE Z'OREIL

Franck Law mit vingt-cinq minutes pour aller de l'avenue Hubert Delisle à la brigade, rue Victor MacAuliffe. Deux kilomètres six cents !

Il ne l'avait jamais remarqué auparavant, mais, à l'instar des loueurs automobiles, ses compatriotes ont, semble-t-il, délaissé les couleurs vives d'autrefois pour des voitures blanches. Il se fit la réflexion que, dans son entourage aussi bien professionnel que privé, personne n'utilisait le réseau de transport en commun de la ville. Un de ses amis, féru de chiffres et de statistiques, avait mené une étude empirique et avait abouti à la conclusion que, sur cinq ans, les Parisiens circulaient à une vitesse moyenne supérieure à celle des Dyonisiens !

- Salut les gars. Ça roule ?

- Oui chef, répondirent-ils en chœur.

- Ce n'est pas le cas dehors, se marra-t-il, fier de sa blague.

C'était devenu une sorte de rituel qu'ils renouvelaient par automatisme désormais. Son équipe est composée de deux autres lieutenants. Thierry Sautron, un natif de l'Étang-Salé et Max Leblond, le z'oreil (français de métropole) venu de Senlis. En réalité, un sous-lieutenant et un aspirant. Franck a une confiance totale en Thierry, un type solide à la bouche lippue qui connaît l'île sur le bout des ongles et qui maîtrise parfaitement les codes et les subtilités de ses concitoyens. C'est par ailleurs un professionnel accompli et impliqué. Max, plus jeune et moins expérimenté, est néanmoins d'une maturité affirmée. Son attitude parfois juvénile contraste étonnamment avec sa détermination à mener à bien ses missions.

- Vous avancez sur l'affaire Gagnard ?

- On tient le bon bout, chef. On a retrouvé le couteau. On attend les analyses d'empreintes et d'ADN, répondit Thierry.

- Ils ne chôment pas à l'Identité Judiciaire !

Dès que vous avez des éléments, appelez-moi. Je ne peux pas vous aider pour le moment.

Franck s'installa à sa table de travail. Son bureau ressemble à un bureau de militaire. Du moins à l'idée que l'on se fait d'un bureau de militaire. Chaque chose à sa place. Nickel chrome. Contrairement à celui de ses collègues, il n'y a pas un seul objet personnel pour surveiller les dossiers ou les stylos. Pas de photo ou de dessin d'enfant. Il ne parle jamais de sa vie amoureuse ou familiale non plus. Franck Law cloisonne.

D'aucuns prétendent qu'il est gay. Dans l'île de la tolérance, chacun peut se rendre compte des difficultés auxquelles est confrontée la communauté LGBT. Alors chinois, gendarme et homo ! Officiellement pourtant, les pouvoirs publics essaient de lutter contre la discrimination. Une charte d'accueil des lieux gay-friendly a été créée par le comité de tourisme. La Réunion étant depuis devenue, selon leurs termes, un havre comparé à l'île Maurice ou les Seychelles, où l'homosexualité est encore interdite. En réalité, Franck vit en concubinage avec Deborah, sa compagne depuis leur rencontre à Nice, six années auparavant. Qu'on le croie homo ne lui pose aucun problème. Il en joue même parfois. Il n'est pas du genre à se préoccuper du jugement ou de l'opinion des autres.

Il retira le contenu de l'enveloppe qu'il disposa soigneusement sur le plan de travail, en les classant par ordre chronologique. Il remarqua immédiatement, comment pouvait-il en être autrement, la mèche de cheveux qui était scotchée sur la lettre d'adieu d'Amishi. Il parcourut les documents en diagonale et releva mentalement les principales informations à retenir puis il alla à la photocopieuse. Il garda quelques brins de cheveux de la lettre. Il replaça ensuite les originaux dans l'enveloppe et entreprit de décortiquer les deux copies qui avaient retenu son attention.

« Mon petit papa, ma petite maman,

Ne soyez pas tristes. Je pars soulagée. Malgré le désir que j'avais de revenir vers vous, je n'en avais plus la force. J'avais honte de ce que je vous avais fait, de ce que j'avais fait à Laurentin, de ce que j'étais devenue. Une zombie, soumise et effrayée par son compagnon. J'ai cru que je pourrais le changer. Par moments, trop souvent, c'était un diable. Il ne maîtrisait plus sa force. Il me faisait peur. Je vivais dans la hantise de ses coups, les jours d'alcool, de zamal et de fureur. Si vous voyez Laurentin un jour, dites-lui que c'est lui que j'aurais dû suivre. Comme nous nous l'étions promis. J'ai brisé le pacte d'amour qui nous liait. Je l'aimais, sincèrement. Je n'arrive pas à comprendre mon coup de folie. Il ne m'a vraiment jamais quittée. Ses mèches de cheveux me suivaient partout. Comme il a dû souffrir lui aussi.Qu'il me pardonne et que vous me pardonniez aussi. Je vous aime. Priez tous pour moi. J'en ai besoin. Amishi ».

Pas de date. Pas de lieu.

L'autre document, le mail, a été envoyé à laurentin@kozanou.fr, à la date du 15 juin 2002.

« Mon Laurentin, dimanche c'est la grande fête familiale. On sera 27. Comme d'habitude, ma mère et ma tante Amira prépareront le repas. Elles ont prévu des samoussas aux légumes, du byriani au mouton et du jalebi en dessert. Il y aura du thé également. Je ne devrais pas te le dire mon Laurentin mais tout le monde sait que mon oncle boit de l'alcool. LOL. La religion, la croyance, ça dépend des jours. Je crois que ce n'est pas seulement chez nous mais partout dans la communauté. Re-LOL. Je vais aider ma mère ces temps-ci. On ne se verra pas beaucoup. Tu vas me manquer.

Je te garderai du jalebi. Tu vas a.do.rer. Mi aime a ou, ton Amishi la pure. »

- Dès que tu as un moment, Max, tu me dénicheras les coupures de presse du JIR et du Quotidien concernant le suicide d'Amishi Patel en 2006. J'ai surtout besoin de la date et je ne veux pas m'adresser aux parents pour ça. Bon, je vais au magasin des Patel. À tout à l'heure.

Franck décida de s'y rendre à pied. De la brigade à la mosquée, il en aurait pour sept ou huit minutes. Il lui fallait réfléchir aux deux ou trois choses qu'il devait leur demander. Ces gens-là ont perdu une fille et il veut prendre toutes les précautions avec ses questions intrusives et dérangeantes.

La rue du Maréchal-Leclerc illustre parfaitement le melting-pot réunionnais. Il suffit d'observer les passants, d'entrer dans les boutiques, d'écouter les gens parler, se parler, pour réaliser le prodige survenu ici. L'Afrique, l'Asie et l'Europe réunies aussi harmonieusement que possible. Franck aime ce quartier de la capitale avec ses commerces de rue : vendeurs de bonbons piment, de samoussas et de mangues pimentées.

Et la mosquée Noor-E-islam, la plus ancienne de France !

Quelle architecture ! Quel chef d'œuvre ! Il faudra que je la visite avec Deborah, se promit-il.

9

LE FILS DU KARANA

Aussitôt débarqué de l'avion, Nazir a rejoint la petite maison du Bois-Blanc qu'il avait dénichée sur internet et qu'il avait louée par téléphone. Il avait évité les centrales de réservation. Il recherchait la discrétion. Après son appel, il avait pris soin de détruire la carte SIM et le portable. Cette procédure, utilisée dans le milieu du grand banditisme, avait été largement divulguée dans l'affaire des écoutes d'un certain Paul Bismuth. Il s'agissait d'acquérir une puce sous un nom d'emprunt, de l'activer au dernier moment, d'appeler son correspondant puis de détruire le tout.

Nazir s'était présenté comme un scientifique amateur, un volcanologue, qui venait là, à proximité des coulées de lave du Piton de la Fournaise, pour les étudier. « C'est pour un séjour de deux semaines que je paierai à l'avance », avait-il dit au propriétaire, heureux de trouver un locataire instruit et argenté.

Quand il tendit la liasse de billets au loueur, Nazir crut bon de préciser : « Je ne peux pas vous faire de chèque. Mon compte est en ariary ».

Le fils d'un karana sans doute, se dit le propriétaire.

Après une nuit de repos, Nazir se mit aussitôt à la recherche de Rodi. Il suivit exactement le plan qu'il avait élaboré. Il se rendit à la rivière des Roches puis il s'installa au petit bar de bord de mer, le seul dans les environs.

Le Bar du Caviar n'est ni plus ni moins qu'une sorte de paillote disposant d'un grand comptoir avec trois tabourets, et de quatre tables en bois entourées de chaises métalliques. C'est là que se retrouvent les pêcheurs au moment des pauses. Parfois quelques touristes et des couples illégitimes s'y arrêtent pour se rafraîchir. Ces derniers, il les avait repérés, car ils faisaient tout pour ne pas se faire remarquer. Il avait bien tenté de faire ami-ami avec le serveur mais celui-ci était du genre : « je suis là pour vendre et servir, pas pour faire la conversation aux clients ».

Ce jour-là, le troisième, il s'est mis à pleuvoir. Une pluie tropicale soudaine et abondante. Des perles d'eau s'écrasaient violemment dans les flaques naissantes et sur la tôle de la toiture, provoquant un vacarme assourdissant.

Nazir passait le temps en observant ces gouttes géantes qui formaient d'innombrables et éphémères diadèmes liquides en rencontrant le sol détrempé. Parfois, pour donner le change, il feignait de consulter un guide touristique avec une application un peu trop forcée. Il avait devant lui un petit dictionnaire de la langue et des expressions créoles qu'il compulsait de temps à autre. Deux pêcheurs se sont assis à l'une des tables. Nazir attendait ce moment.

Il était venu ici pour ça. Il s'adressa à eux :

- Dites donc, ce n'est pas comme chez nous, à Mada. On en trouve bien des bitsika, dans le Sud, vers Vangaindrano, mais ce n'est pas développé comme ici. Vu le prix, on doit en gagner de l'argent !

- C'est le patron qui gagne. Nous on travaille. Vous êtes en vacances ?

- Oui. J'ai de la famille qui vend de l'artisanat malgache au Petit Marché de Saint-Denis. De la broderie surtout. Je leur rends visite et ils me font découvrir votre île quand ils ont du temps. Je m'appelle Nazir, dit-il en lui tendant la main.

- Moi c'est Jocelyn.

- Ça a l'air physique comme métier.

- Non pas trop, mais il faut se lever tôt. Et il faut être méticuleux dans l'entretien et la préparation des chenaux.

- Pour moi qui travaille dans un bureau … Et les nasses, vous les fabriquez vous-mêmes ?

- Vous voulez dire les vouves. Non. Il reste quelques fabricants dans l'île. Si vous prenez rendez-vous, ils peuvent vous faire une démonstration de leur savoir-faire. Nous, on les achète chez Kalou. Bon la pluie s'est arrêtée, je dois y retourner. Marcellin il est sympa mais il ne faut pas abuser.

Nazir ne s'était pas adressé à Jocelyn Virapoullé par hasard. Depuis la veille, il avait bien vu que Marcellin lui donnait des ordres. Dès le lendemain matin, il n'a même pas eu besoin de le demander, il apprit que Rodi errait entre Sainte-Suzanne et Saint-André. Il y aurait dans ces endroits, une bande de traîne-savates, de « gratteurs l'cul » comme lui ; il y avait des chances qu'il soit parmi eux. En ce début d'après-midi du 7 octobre, Nazir prit la direction de Sainte-Suzanne avec l'intention de ratisser tous les lieux habituellement fréquentés par les clochards, en se concentrant sur quelques quartiers mal famés. Il referait ensuite la même chose au Quartier Français et à Saint-André. Avec un peu de chance, il en aurait pour trois jours au maximum.

Il laissa la voiture à la périphérie de la ville puis il se dirigea vers le centre affublé de guenilles, d'une casquette Pernod-Ricard et de savates deux doigts (des tongs), les cheveux en bataille, la moustache fournie, une barbe de six jours et une dodo à la main. Vingt minutes plus tard, il n'eut aucun mal à entrer en contact avec les trois types. À cette heure, ils étaient déjà bien entamés. Il décida d'y aller franco.

- Salut les gars. Rodi, y m'doit une bière. V'savez pas où j'peux l'trouver.

- Et si tu nous payais une bière, à nous ! Une p'tite dodo. P'têt bien qu'on saurait où il est, Rodi.

Si les deux autres semblaient avoir le cerveau lent,

celui-là paraissait chafouin malgré l'alcool qui exsudait de tous ses pores.

Nazir avait prévu cette situation mais il fit mine de résister un peu. Pour la forme.

- Ben, y m'en reste seulement deux pour la journée.

- Ben, on est quatre. C'est bon. Fais pas chier, lui rétorqua le chafouin.

Nazir ouvrit son sac à dos d'où il sortit deux bouteilles. S'ils aiment la bière chaude ! Les cerveaux lents les ont presque arrachées de ses mains et les ont décapsulées avec leurs dents. Les rictus qu'il put voir sur leurs visages témoignaient sans doute de la douleur provoquée par cette torture qu'ils s'infligeaient. Nazir eut un haut-le-cœur à la vue de leurs chicots ensanglantés.

- Il était là la semaine dernière. Il est parti du côté de Cambuston. Il change d'endroit chaque semaine, dit le plus finaud, s'essuyant du revers de sa manche la mousse qui bordait le pourtour de sa bouche.

- Je vous donne ma part. Je vais aller boire un coup avec Rodi.

Sans plus attendre, Nazir enfila son sac à dos et tourna les talons. Le temps d'aller chercher la voiture, il pourra y être à quinze heures.

Après dix minutes à parcourir les rues de Cambuston, il s'arrêta près du bureau de tabac, s'y posta et commença à quémander quelques pièces. Les passants manifestaient leur gêne et baissaient la tête en s'approchant de lui et, parfois, faisaient un écart pour ne pas passer trop près.

Il n'eut aucun sou mais il obtint ce qu'il était venu chercher.

- Vas donc rejoindre tes dalons (copains) sur la place des Manguiers.

Celui qui venait de l'interpeller était hostile, voire haineux, mais Nazir n'en avait cure. Si seulement il savait !

La place des Manguiers n'en portait que le nom. Sous un énorme tamarinier il y avait en effet, cinq ou six sans-logis plus ou moins alcoolisés. Il en repéra un, la trentaine, la face hâve mais de beaux yeux bleus, caractéristiques des populations blanches des Hauts. Un yab comme on dit. Nazir, une bouteille à la main, se dirigea vers lui en traînant des pieds. Il s'assit à sa gauche en ronchonnant.

- Fais chier Rodi. Qu'est-ce qu'il fout ?

- T'as une cibiche, mec ?

Nazir sortit une petite boîte métallique de son sac à dos, l'ouvrit, en retira un mégot un peu tordu qu'il avait ramassé par terre et le tendit aux « yeux bleus » qui le prit sans barguigner.

- Y sort plus de sa cabane depuis trois jours, Rodi.

- Ah bon. Pourquoi ? Il boit plus.

- Oté ou moucate à mwin là ! (Tu te moques de moi là!) Rodi quand il boit pas c'est qu'il est chargé. Tu le trouveras là-haut, au bout du chemin des Jacarandas vers Bras-Pistolet.

- C'est loin ?

- Si tu marches bien, ça te prendra une heure trois quarts.

Nazir retourna à sa voiture, se changea discrètement et décida d'y aller le lendemain pour un repérage des lieux.

10

MAGASIN PATEL

En bifurquant dans la rue Charles Gounod, Franck Law se dit que Sulayman Patel n'avait pas la corpulence requise pour commettre un tel acte. Il peut l'avoir commandité. Ou bien éventuellement avoir été épaulé. En tout cas, Franck voulait privilégier la piste de la vengeance, d'où qu'elle vienne. Il y a aussi l'hypothèse de la « drug-party » qui a pu mal tourner. Mais alors, pourquoi se débarrasser du corps de la sorte ? Il ne croyait en aucun cas à ces histoires de jalousie et de bataille pour l'obtention d'un canal de pêche. En quoi la mort du fils de Marcellin aurait-elle pu favoriser une autre répartition des concessions ? Certes, ce pouvait être dans le but d'intimider Marcellin et le pousser à les céder de lui-même. Mais à qui ? Y a-t-il une liste d'attente ? Dans ce cas, c'est celui qui est le premier sur la liste qui serait le premier suspect ! Non, ça ne tient pas debout, il en avait la conviction.

Devant le magasin, des présentoirs à chaussures, et,

à l'intérieur, des rouleaux de tissus partout. Toutes sortes de textiles. De la soie, de la viscose, du coton, du lin, de la laine, du polyester, du polyamide, de l'acrylique ; tissés en popeline, en fil-à-fil, en oxford, en pinpoint, en chevron, en twill, en denim ... et une odeur entêtante de naphtaline, cette boule à mites. Franck avait remarqué que les magasins de tissus de Saint-Denis étaient tous mal éclairés. Celui-là ne dérogeait pas à la règle. Il avait noté que les vendeurs devaient emporter les coupons vers l'entrée du magasin pour que les clients puissent réellement se rendre compte des coloris qu'ils étaient venus choisir. Est-ce que c'est justement pour éviter de les exposer constamment à une lumière abondante et ne pas altérer leurs couleurs ? Franck se promit d'éclaircir ce mystère-là aussi.

Dounia et Sulayman Patel semblaient l'attendre, à côté de la caisse. Il leur tendit l'enveloppe.

-Je vous remercie encore pour votre coopération. Je vous confirme qu'il y a, dans la lettre de votre fille, des éléments susceptibles de faire diminuer la peine du responsable de la mort de Rodi Mangalou. En revanche, je n'ai rien décelé dans les mails sinon que votre fille et Laurentin semblaient en effet très amoureux. Du moins de sa part, à elle.

- Je vous l'ai dit, lieutenant, c'était réciproque, précisa Sulayman. Nous l'appréciions beaucoup, ce garçon. Il était en quelque sorte de notre communauté puisqu'il était de père z'arabe et de mère créole.

- Il porte donc un nom indo musulman ...

- Non. Son père était déjà marié, et il vivait toujours avec sa femme. Laurentin porte le nom de sa mère. Hoarau.

- Savez-vous où je peux le trouver ?

- Nous savons qu'il est parti pour la métropole, c'est tout. Il faut voir sa mère. La dernière fois que nous l'avons croisée, elle travaillait au Mercure Créolia. Elle s'appelle Jeannette Hoarau.

- Merci encore. J'aurais une dernière question à vous poser. Croyez-moi, je ne le fais pas de gaité de cœur mais cela fait partie de la procédure. Pouvez-vous me dire où vous étiez les 11 et 12 octobre dernier entre 17h et minuit ?

Dounia Patel vira au vert ... de rage. Sa bouche se tordit et elle fulmina :

- Vous nous soupçonnez, lieutenant ? Tu entends ça, Sulayman. Je te l'avais dit qu'il n'était pas franc avec nous.

- Je regrette Madame, de vous donner cette impression, mais dans une enquête criminelle, les juges ne se contentent pas de mon avis. Comprenez-moi.

- Tu réponds Sulayman. J'en ai assez. On se retrouve à la maison.

Madame Patel lui tourna le dos et s'en alla sans autre formalité.

- Vous aussi vous devez nous comprendre, lieutenant. Nous commencions à retrouver un peu de sérénité. Nous sommes allés au mariage d'une nièce, à

Port-Louis. À l'île Maurice. C'est facile à vérifier.

Sur nos passeports, il y a les tampons d'entrée et de sortie. Nous y sommes restés quatre jours, du 9 au 13. Nous avons pris Air Austral.

- Je vous enverrai un de mes équipiers pour récupérer vos passeports et éventuellement les billets d'avion si vous les avez encore. Encore désolé, Monsieur Patel, mais c'est la routine.

11

BRAS-PISTOLET

Nazir quitta la route secondaire pour s'engager dans le chemin de terre bordé de queues de chat amarante et aux fleurs sans pétale. Il se gara assez rapidement derrière un buisson formé de jacarandas. Il quitta le véhicule avec un appareil photo en bandoulière et une carte de l'île dans la main. Tout au bout de l'impasse, une petite entrée suggère qu'il y a là une habitation. Nazir fait mine de se promener d'un air détaché et s'en approche. De l'extérieur, la cabane paraît vraiment sommaire. Un abri de jardin tout au plus. Au fond et à l'arrière, à une trentaine de mètres de distance, une barrière végétale formée de plants de manioc marque la séparation avec une autre propriété. Il n'y en a pas d'autres dans un périmètre de cent cinquante à deux cents mètres. Sur la carte forestière qu'il s'était procurée, il avait identifié une autre façon d'accéder à la cabane, beaucoup plus discrète.

Le jardin, bien que non entretenu, est une explosion de fleurs de toutes sortes : allamanda jaune et pourpre, balsamine, belle-de-nuit, lantana, dahlia, canna, fuschia, croton, datura stramonium, frangipanier, gerbera, capucine, gueule-de-loup, hortensia, sensitive, poinsettia, sabot-de-Vénus … Le cœur de Nazir s'accéléra brutalement. Rodi est là, assis sur un tronçon d'arbre, le regard tourné vers le ciel. Ses yeux hagards ont l'air de suivre un fantomatique objet volant. Le yab avait raison, pour être chargé, Rodi était chargé. Et ce n'est pas seulement d'alcool.

Nazir resta un long moment à l'observer en attendant que s'estompe la rage mais aussi le sentiment d'euphorie qui l'avaient envahi. L'homme n'est pas ce qu'il s'était imaginé. Il avait devant lui un pauvre type boursouflé par les excès, la vie de galère et les maladies cutanées. Nazir ne se cacha pas.

- Bonjour. Je peux prendre des photos de vos fleurs ?

Rodi ne semblait pas s'être rendu compte de sa présence. Tout en poursuivant des yeux ses mystérieux et invisibles objets volants, il s'exclama :

- Vous pouvez prendre toutes les fleurs de la vieille. Il y en a des millions. Servez-vous. Mais attention, elles n'aiment pas qu'on les prenne en photo. Elles me l'ont encore dit tout à l'heure. Surtout les rouges et les bleus. Elles sont bavardes, celles-là. Et puis il y a les carnivores …

Les mots sortaient de sa bouche avec une grande facilité, une grande fluidité. Nazir ne put s'empêcher de penser : « parle à mes fleurs, ma tête est malade ».

- Excusez-moi, mais la vieille, elle habite la maison là-bas ?

- Ah ! Ah ! Ah ! La vieille elle habite partout. Dans ta tête. Dans la mienne ... Elle danse dans ton ventre. Elle voit ce que tu ne vois pas ...

Il n'insista pas. Il le fixa à nouveau avec une moue de dégoût non dissimulée puis il se rendit à la haie de manioc. Rodi poursuivait encore ses divagations quand Nazir atteignit la barrière végétale. Il jeta furtivement un coup d'oeil de l'autre côté. Qu'est-ce que c'est que ce délire ?

La case ne ressemble à aucune autre. L'ensemble jardin et maison relève d'une sorte de dadaïsme ultramarin. Une maison extravagante qui semble vide.

Il décida de revenir de nuit, par l'autre accès, mais auparavant, il se rendit dans le hameau le plus proche afin de se renseigner.

- Bonjour, je visite un peu votre belle région. Les fleurs sont tellement magnifiques ici. J'en ai vu là-bas, au bout de l'impasse des Jacarandas. Vous savez à qui je peux demander l'autorisation de les photographier.

- C'est chez Sidonie. Elle habite à Saint-André. Ici c'est pour son travail. C'est là où elle accueille ses patients et ses fidèles. Mais aujourd'hui, c'est son jour de repos. Si vous revenez demain, vous la trouverez. Mais avant 19h30, parce qu'après elle rentre chez elle.

- Je n'ai pas de chance. J'en trouverai d'autres. Merci et bonne journée.

Nazir retourna à Bois-Blanc pour faire le point et

organiser son affaire. Il ne réalisait pas encore la chance qu'il avait eue jusqu'à présent. Qui aurait pu dire, il y a deux mois encore, qu'il serait là, si proche de son but ?

Il le tenait ce salaud.

12

11 OCTOBRE 2006

Au début, Max n'aimait pas qu'on l'appelle ainsi. Il pensait néanmoins qu'il fallait en passer par ce bizutage pour se faire accepter. Quand il s'aperçut que non, il était trop tard. C'était vraiment ce surnom qu'on lui avait donné. Désormais, cela ne le dérangeait plus. Il s'y était habitué. Il était devenu, pour tout le monde, Max le Z'oreil. Parfois c'était un peu lourdingue, du genre : « Max, vous qui avez l'oreille d'untel ».

Dès lors qu'il y avait des recherches documentaires à effectuer, c'est à lui que Franck les confiait. Il avait acquis une réputation de fin limier du web. Dans le maquis de la toile, il savait où aller et il était rare qu'il soit bredouille. Connaître la date du suicide d'Amishi Patel fut un jeu d'enfants : 11 octobre 2006. Sur la dizaine d'articles qu'il avait trouvés, il en avait imprimé trois. Ils disaient tous peu ou prou la même chose.

« Bras-Panon, 12 octobre 2006,

Un drame a eu lieu hier au domicile de Rodi Mangalou. La mère de celui-ci, venue rendre visite à son fils, a découvert une jeune femme pendue dans le salon. Amishi Patel était la petite amie de Rodi depuis presque quatre ans. Ce dernier était absent des lieux. Selon nos informations, Rodi Mangalou disparaissait chaque jour, dès le matin pour ne réapparaître qu'à la tombée de la nuit. Mme Mangalou mère a trouvé une lettre d'explications posée sur la table basse. La jeune femme avait, semble-t-il, coupé tout lien avec sa famille et elle était en grande souffrance. Il est question de violences. Selon le légiste, elle avait consommé du zamal dans les heures ayant précédées son geste fatal ».

Max était sidéré devant tant de vacuité. Comment ces quelques lignes pouvaient-elles rendre compte du malheur et de la souffrance de cette jeune fille, de sa famille et de son entourage ? Les mots pouvaient-ils décrire la solitude abyssale, la culpabilité, la mélancolie et finalement le désespoir qui pousse quelqu'un à cette extrémité ? Amishi Patel, elle-même, n'avait pas cherché à donner de longues et vaines explications. Elle avait juste utilisé quelques mots forts : zombie soumise, diable, peur, hantise, honte. Alors, Max se demanda ce qu'il aurait fait, lui, s'il avait dû rendre compte du drame.

Et, au bout du compte, il se sentit enclin à plus d'indulgence à l'égard de ce journaliste.

13

HOTEL MERCURE CREOLIA

Franck Law avait appelé le directeur de l'hôtel Mercure Créolia afin de s'assurer que Jeannette Hoarau travaillait encore dans son établissement. Il prit soin de bien lui expliquer que c'était pour les besoins d'une enquête ; qu'en aucun cas son employée n'était de près ou de loin impliquée. Il ne voulait surtout pas causer de tort à cette femme.

Jeannette ne fit aucune difficulté pour rencontrer le lieutenant. Elle l'accueillit avec cette bonhomie que l'on rencontre couramment chez les créoles. Sa douceur et sa gentillesse ne masquaient cependant pas la mélancolie qu'on pouvait lire au fond de ses yeux. Franck lui expliqua brièvement la situation et lui demanda où il pourrait joindre Laurentin. Une adresse, un téléphone.

- Depuis son départ pour la métropole, en 2003, mon fils n'a jamais remis les pieds à La Réunion, lieutenant. Il a voulu s'éloigner pour ne plus entendre parler d'Amishi, pour ne pas risquer de la croiser … Il m'a interdit d'évoquer quoi que ce soit la concernant. Il voulait tourner la page, définitivement.

- Vous voulez dire qu'il a été inconsolable après son départ ?

- Elle était tout pour lui. Vous ne pouvez pas vous imaginer. Je me réjouissais de les voir ensemble, heureuse de les entendre faire des projets. La semaine précédant leur rupture, ils étaient encore là, à côté, à écouter de la musique et à rire de tout. Je ne pensais pas qu'une chose pareille pouvait se produire mais, il y a quelques mois, j'ai lu quelque chose sur deux chanteurs connus à qui c'est arrivé, en métropole. Leurs noms ne me reviennent pas. Elle et lui sont amoureux fous et ils sont en pleine gloire. Et pfff, elle part du jour au lendemain avec un chanteur américain qu'elle vient de rencontrer. Ils partent en Californie ensemble. Ils font un enfant. Je me souviens du commentaire : « en une seconde, elle a mis une croix sur son ancienne vie ». Même topo. Boisson. Drogue. Violence. La désillusion est totale. Mon fils a vu partir sa bien-aimée « en une seconde ». Avec un drogué violent.

- Vous ne l'avez pas revu depuis 2003 !

- Oh si bien sûr. Depuis cinq ans, nous nous retrouvons à Sainte-Marie, sur l'île aux Nattes, au nord-est de Madagascar. C'est à deux heures d'avion. Il m'envoie un billet chaque année. Si cela n'avait pas été le cas, j'aurais été le voir chez lui, à Paris. Il a choisi ce coin parce que ça le rapproche de moi mais aussi parce qu'il y retrouve un peu de notre culture culinaire et de notre nonchalance. Pour le coût de la vie aussi. Mon fils me manque terriblement, vous savez. Je suis veuve. Mon mari est mort d'une embolie pulmonaire. Laurentin est à dix mille kilomètres. Son père vit sa vie, avec sa femme. Quand j'ai compris que jamais il ne la quitterait pour moi alors j'ai rompu. Mais le destin a voulu que je perde aussi l'homme que j'ai rencontré et que j'ai épousé après. Maintenant, je vis seulement pour ce rendez-vous annuel.

- Et votre fils, il vient seul ?

- Il ne me parle jamais de sa vie sentimentale. Je ne lui pose pas de question non plus. Il vient seul et ça me convient. Il me gâte pendant ces quinze jours, rien que lui et moi. Là-bas, il loue la villa Mora Lodge où une nénenne s'occupe de tout. Il m'offre de vraies vacances. Le soir, on va rejoindre sa bande de copains à l'hôtel Maningory, chez Alain et Solange. On boit des verres face au lagon. Parfois, Alain joue du saxo. C'est assez magique d'entendre du Charlie Parker sur fond de mer bleutée et de clair de lune. Quand ils ont envie de jouer au poker, je m'installe dans un fauteuil, je me commande un « Sex on the Beach » et je lis. Je les entends se chamailler pour un « vol de blind ». Je suis vraiment bien quand mon fils est dans les parages, vous savez. Il m'a promis que nous irions sur la Grande Terre un de ces jours, pour faire la descente de la Tsiribinha en pirogue traditionnelle.

Franck venait de comprendre les raisons de cette mélancolie qu'il avait perçue chez Jeannette. Son fils est tout ce qui compte pour elle. Il est loin et il lui manque. Franck lui donnait l'occasion de s'épancher et elle ne se lassait pas de le faire.

- Que fait votre fils en métropole, madame Hoarau ?

- Il est policier. Comme vous lieutenant.

- Gendarme, vous voulez dire.

- Non, il est policier. Il a été gardien de la paix puis il a fait une école d'officier en Seine et Marne, à Cannes-Écluse. Maintenant, il est à la Brigade des Stupéfiants à Paris. Il est OPJ. C'est bien comme ça qu'on dit, n'est-ce pas ?

Franck acquiesça d'un hochement de tête. Jeannette Hoarau poursuivit.

- Quand Amishi est partie avec l'autre, il a cru qu'il pourrait encore la récupérer mais après une année, il a renoncé. Alors, quand il a eu connaissance du concours de la Police Nationale, il s'est inscrit. Et voilà. Vous êtes quand même un peu confrère, lieutenant ?

- Oui madame, nous faisons le même métier. Vous lui avez parlé de la situation ici. Sait-il que Rodi est mort ?

- S'il le sait, ce n'est pas moi qui l'en ai informé. Je vais laisser passer un peu de temps et j'en parlerai avec lui. Peut-être que maintenant, il pourra envisager de revenir ici.

Franck avait adopté une technique « d'interrogatoire » qui lui paraissait bien plus satisfaisante qu'à toute autre.

Il avait toujours admiré Jacques Chancel et sa façon d'aborder ses sujets sans suggérer les réponses, en jouant des silences, en relançant sans en avoir l'air, en tolérant les digressions. Chancel devait considérer que les digressions dévoilaient beaucoup de son interlocuteur, qu'elles permettaient d'ouvrir d'autres portes. Il était courant qu'il se contente de quatre à cinq questions seulement lors d'une interview. Il les posait avec douceur, sans condescendance ni pathos. Et quarante-cinq minutes plus tard, vous saviez tout ou presque de l'interviewé ! Franck Law s'inspirait de Jacques Chancel.

Parfois, évidemment, il avait affaire à des petits caïds, des violeurs ou des assassins, alors il s'inspirait plus d'un Jean-Jacques Bourdin qui se serait shooté aux amphés. Celui de « j'ai ma méthode pour vous faire parler ».

Il ne savait pas trop quoi penser de cet échange avec Jeannette Hoarau. Son fils est un collègue de la Brigade des Stups qui vit en métropole depuis plus de dix ans et il n'est jamais revenu ici. Cela ne l'avançait pas à grand-chose. Il avait bien senti que cette femme serait heureuse que son fils revienne près d'elle, mais irait-elle jusqu'au meurtre pour favoriser son retour ?

14

RIVIERE DES ROCHES

Marcellin Mangalou et Jocelyn Virapoullé étaient dans l'eau, occupés à vider les vouves dans les paniers et à les disposer sur la rive. Franck avait donné à Thierry une description quasi parfaite des deux hommes.

Il alla s'installer à la terrasse du bar de plage et se commanda un café. Quand il vit Marcellin se diriger vers sa cabane de pêche, il se leva et alla le rejoindre.

- Bonjour M. Mangalou, je suis le lieutenant Sautron. Je seconde le lieutenant Law dans l'enquête sur la mort de Rodi.

- Bonjour lieutenant, j'ai cinq minutes. Qu'est-ce que je peux faire pour vous ?

- Nous voudrions savoir si vous connaissez les gens que fréquentait votre fils.

- Cela fait des années que je ne connaissais plus rien de la vie de mon fils, lieutenant. Je ne cherchais pas à le savoir non plus. Désolé.

- Vous auriez pu entendre des rumeurs, quelque chose qui pourrait nous aider.

- Si c'était le cas, je vous le dirais, soyez-en certain.

- Bien. Cela prendra plus de temps mais nous les trouverons.

Thierry s'apprêtait à repartir mais Marcellin eut une idée.

- Attendez. Jocelyn termine dans une demi-heure. Voyez avec lui, ils étaient copains avant. Peut-être qu'il sait quelque chose. Je lui dis de venir vous voir.

- Merci beaucoup. Je serai au Bar du Caviar.

Thierry récupéra le Quotidien de la Réunion qu'il avait acheté avant de quitter Saint-Denis. Il se commanda un autre café et il ajouta aussitôt « avec une louche de caviar » Le serveur ne comprit pas que c'était de l'humour. Thierry en remit une couche : « vous n'en servez que l'après-midi, c'est ça ? » puis il se plongea dans sa lecture sans se préoccuper de la réaction du tavernier bougon. « Cap Requins 2 : un requin-tigre de 3,92 mètres capturé dans la baie de Saint-Paul grâce à un Smart Drumline. 1,66 milliards d'euros soit un million par mètre pour la route la plus chère de France. Prouesse technique mondiale ... » De nombreux articles étaient consacrés à ces sujets dont l'intérêt dépassait largement le cadre du confetti de l'Océan Indien. Le « mort de la pleine lune » occupait trois lignes à la page 5 pour résumer une enquête difficile.

Le lendemain de la découverte du corps, un

journaliste avait parlé, à propos de Amishi et de Rodi, du mariage tilapia ensamb' papangue (le mariage de la carpe et du lapin).

Thierry appréciait ce mélange de français et de créole ; cette façon de maintenir l'identité culturelle de son île. Cela fait un mois qu'elle est devenue une langue régionale officielle, enseignée jusqu'à l'université. Il en tirait une fierté qu'il n'arrivait pas à s'expliquer. Cela lui paraissait tellement naturel de s'exprimer alternativement en français et en créole. Son créole.

- Bonjour. Je suis Jocelyn Virapoullé.

- Bonjour. Je suis le lieutenant Sautron. Asseyez-vous. Voulez-vous un café ?

- Non merci. Vous voulez me voir ?

- Je cherche à savoir qui Rodi fréquentait. Vous étiez amis, je crois.

- C'est vieux tout ça. Quand il a commencé à boire et à se droguer, il a recherché des types comme lui. Ça fait bien dix ans qu'on ne se voit plus. Parfois des camarades m'en parlent. La dernière fois que j'ai eu de ses nouvelles, il traînait entre Sainte-Suzanne et Saint-André. C'est tout ce que je peux vous dire, lieutenant.

- Merci quand même. Je vais aller chercher du côté des SDF.

Thierry Sautron paya son café puis il se dirigea vers sa voiture. Arrivé à mi-parcours, il entendit Jocelyn Virapoullé qui lui criait quelque chose d'inaudible à cette distance. Le geste qu'il mimait en revanche ne laissait aucun doute, il voulait le voir à nouveau.

- C'est curieux, je me souviens avoir dit la même phrase à propos de Rodi, il y a deux semaines, déclarat-il au lieutenant.

- Comment ça ? Vous avez parlé de Rodi avec quelqu'un ? Récemment ?

- Oui, attendez. J'essaie de me souvenir. André, tu te souviens de ce gars qui est venu ici plusieurs jours de suite il y a quinze jours, hurla-t-il au serveur.

- Bien sûr. Il voulait faire la conversation mais moi j'ai mon travail. Il est resté là à attendre le temps qui passe.

- On a parlé un peu. Il m'a dit qu'il était malgache et que sa famille vivait ici, qu'elle vendait de l'artisanat à Saint-Denis. Il était agréable, bien éduqué. Il passait des vacances en famille. Il m'a dit son nom mais je ne m'en souviens pas. C'était un prénom z'arabe, ça, j'en suis sûr. Nazer peut-être. Il m'a posé des tas de questions sur mon métier, de l'argent que ça devait rapporter. Je ne sais pas comment c'est venu, mais à un moment je lui ai dit exactement comme à vous concernant Rodi. On devait parler du patron et ça a dérivé sur son fils. Mais je suis presque sûr qu'il n'a pas demandé. J'interrogerai Albert, il était avec moi.

- Il était comment physiquement ?

- Plutôt grand. Un gaillard. Type z'arabe, karana comme disent les Malgaches. Trente-cinq, quarante ans je dirais. Une grosse moustache, un peu de barbe et la chevelure assez fournie. Je n'ai jamais vu ses yeux, il portait des lunettes de soleil tout le temps.

- Vous vous souvenez de la dernière fois où vous l'avez vu ?

- Pas exactement, mais la veille on a eu une très forte averse. C'est à ce moment-là qu'on s'est parlé pour la première fois. André, quel est le jour où il a plu si fort il y a quinze jours ?

- Attends voir. C'était le 6 octobre, mon meilleur chiffre depuis le début du mois.

- Alors lieutenant, je l'ai vu pour la dernière fois le 7.

- Il arrivait en voiture ?

- Ça, je ne peux pas vous dire. Le parking est là-haut.

- Merci M. Virapoullé. Si j'ai d'autres questions, je vous appellerai.

Puis, s'adressant à André le serveur : « pour le caviar, je reviens cet après-midi. Vous m'en gardez ».

Thierry Sautron décida de se rendre à Saint-André pour y déjeuner et interroger les clodos du coin. Il gara sa voiture au niveau du numéro 180 de la rue Payet. Cela faisait un moment qu'il voulait aller manger chez Kom' La Kaz. Il n'avait eu que de bons échos de la cuisine créole-chinoise plutôt bon marché qu'on y proposait.

Il s'installa à une table sous la véranda et demanda à la serveuse :

- Pour le moins d'attente, qu'est-ce que je dois prendre ?

- Un bol renversé. Il faut quinze minutes.

- Bien. Je prends ça avec une bière … et un peu de rougail tomate. Tout de suite la bière, s'il vous plaît.

- Une dodo ou une bière z'oreil ?

- Oté, kossa ou di a moin ? (Eh, qu'est-ce que tu me demandes là ?). Une dodo, bien sûr.

Le bol renversé connaît un succès grandissant depuis une quinzaine d'années, aussi bien à La Réunion qu'à l'île Maurice. C'est sa présentation qui lui donne son appellation, car les ingrédients existent par ailleurs. On met du chop suey au fond d'un grand bol et on le recouvre de riz blanc que l'on tasse. Pour le servir, on retourne le bol dans une assiette puis on y ajoute un œuf frit sur le sommet du monticule ainsi formé. Celui de Kom La Kaz était copieux et délicieux. Cette appréciation était certainement amplifiée par le sentiment de fierté que Thierry éprouvait. Franck l'avait briefé et il pensait que sa contribution allait donner une nouvelle impulsion à l'enquête, et cela ajoutait à sa motivation habituelle. Il quitta le restaurant et parcourut, à pied, le chemin allant jusqu'à la place de la Mairie. Il y a toujours des SDF qui se postent là. Ce jour-là, pas de vagabonds mais un groupe de rastas qui discutaient tranquillement.

Thierry pensait qu'il y avait de plus en plus de rastas réunionnais, mais en réalité ceux qui ont vraiment adopté la culture rastafarienne n'étaient pas si nombreux. Quand il a vu qu'il existait des bonnets RéuZion, il comprit que le marketing et la mode étaient passés par là. Et puis, comment feraient-ils en terre promise d'Éthiopie ? Il n'y a pas de caris là-bas !

- Bonjour, on cherche un gars qui vit dans la rue. Sa mère est très malade. On veut juste le lui dire.

- Vous n'en trouverez pas ici des SDF. La municipalité les chasse. Allez voir à Cambuston, ils sont là-bas ces temps-ci. Du côté de la place des Manguiers.

- Merci du renseignement.

Il se dit qu'il avait largement le temps d'y faire un saut. Il en profiterait pour aller saluer un vieux copain qui tient un café musical sur cette place. Pendant le trajet, Thierry s'interrogea sur ce touriste malgache à qui Jocelyn Virapoullé avait confié des informations sur Rodi. Était-ce fortuit comme il le laissait entendre ? Depuis combien de temps, le nom même de Rodi n'avait-il pas été prononcé ? La coïncidence lui paraissait suspecte compte tenu de la proximité de l'échange avec la date de sa mort.

Il se gara sur un emplacement interdit, proche du café de son ami, et se dirigea résolument vers le tamarinier géant. En dehors des quelques SDF qui s'appuyaient sur l'arbre, comme pour l'empêcher de tomber, il n'y avait pas grand monde sur la place. À côté des chiens, des écuelles d'eau et des soucoupes avaient été posées par terre. Sur un écriteau en carton il était mentionné : « pour manger et boire (un peu) ». Au nombre de canettes qui jonchaient le sol ... peu, beaucoup, trop, n'avaient plus de réelle signification.

- Salut les gars. Je suis le lieutenant Sautron, je cherche l'endroit où se tenait Rodi Mangalou. L'endroit où il a pu laisser ses affaires. Vous savez qu'il a été tué, n'est-ce pas ?

En l'absence de réaction, Thierry ne put retenir un sarcasme : la rak rend sourd aussi ? (le rhum rend sourd aussi?)

- Nou koz pas vek flik, (On ne parle pas aux flics), dit celui qui était le plus éloigné, la tête baissée, regardant ses pieds.

- Écoutez, on pense que c'est quelqu'un qui veut éliminer les SDF. Si on a tué Rodi, on peut vous tuer aussi.

Thierry n'était pas fier de son bobard mais il faut savoir ce que l'on veut. Il préférait un mensonge sans conséquence à une vérité destinée à porter préjudice. Et lui ne voulait pas de mal à ces pauvres types !

- Toute façon, on l'connaissait pas, vot' Rosi, dit un autre, regardant ses pieds, lui aussi.

- Rodi. Rodi Mangalou.

- C'est pareil. On l'connaît pas.

- OK les gars. Vous en êtes sûrs ? C'est une enquête sur un homicide. Je vous le rappelle.

Le lieutenant Sautron leur laissa trente secondes puis, sans réponse, décida d'aller voir son ami au café Le Maloya, à quelques pas de là.

Gaby et Thierry se connaissent depuis l'école primaire. Même s'ils se voient de moins en moins, ils se retrouvent toujours comme s'ils s'étaient vus la veille. Tapes dans le dos, accolades fraternelles, rigolades.

- Koman i lé, mon dalon ? (Comment vas-tu, mon

ami?).

- Oté, camarade, i fé plézir woar a zot ! (Ça fait plaisir de te voir, camarade !).

Le Maloya a permis à Gaby Madoré de concrétiser un rêve. À défaut d'être devenu le grand chanteur-musicien qu'il ambitionnait d'être, il y organise désormais des mini concerts pour les artistes locaux ; et il en profite pour se joindre à eux.

L'endroit respire la musique. Des murs tapissés de photos d'artistes, de musiciens et de chanteurs. Des affiches aussi, avec leurs autographes. Dans le coin de droite, un vieux piano, une batterie, deux guitares acoustiques posées sur des stands, des micros et une sono Peavey.

-Hier soir, j'ai eu Dédé Rivière. Je peux te dire que ce gars, c'est du niveau de Gilbert Pounia ou de Alain Peters. Par moments, je croyais entendre : « Mon pois l'est au feu ». C'est sympa de passer me voir. Il faudrait que vous veniez un de ces soirs. Aline serait contente de vous voir.

- Nous aussi ça nous ferait plaisir. J'en parle à Stella et on vous appelle. Promis. Mais là, je suis sur une enquête. Le meurtre de Rodi Mangalou. Je ne peux pas rester. J'avais espéré obtenir des informations des SDF qui sont là-bas, mais ils m'ont dit qu'ils ne le connaissaient pas.

- Ah bon. Tu t'es fait rouler, lieutenant. Je l'ai vu avec eux au début du mois.

- Tu connais Rodi Mangalou ?

- Non, mais quand j'ai vu sa photo dans le journal, je l'ai reconnu tout de suite. Tu vois le type en chemise à carreaux, celui avec l'anneau dans le nez et les dreadlocks tout dégueu, je crois qu'il a fait de la taule. C'est avec lui que ton gars il était tout le temps.

- Écoute Gaby, tu viens de me rendre un grand service. Je dois y aller. Je t'appelle la semaine prochaine et on organise une soirée ensemble.

- Sois discret sur ta source. Pour l'instant, je n'ai pas de problèmes avec eux.

- Ne t'inquiète pas. Tchao l'ami. Nou artrouve (au plaisir).

Thierry Sautron prit la rue des Orchidées puis, il se dirigea vers la mairie où il resta un quart d'heure à lire les affiches d'informations municipales. Il retourna ensuite à la place des Manguiers en arrivant par la rue des Saphirs. Il espérait qu'ainsi on ne ferait pas le lien avec son ami Gaby.

- Je vous avais dit que c'était une enquête sérieuse les gars. Un homicide. Combien d'entre vous ont un casier ? Toi ? Toi ? Et toi ? J'ai envoyé vos photos à Saint-Denis. L'internet, ça ne vous parle pas trop dans la rue, j'imagine ! On t'a reconnu. Quand on a fait de la taule dans ce pays on se fait discret et on ne ment pas aux gendarmes. Comment tu t'appelles ?

- Noni.

- Tu me confirmes, Noni, que tu ne connais pas Rodi Mangalou. On va en parler à la gendarmerie. Entrave à la justice. Articles 434-7-1 à 434-23-1 du Code Pénal. Viens avec moi.

À peine ces derniers mots prononcés, Thierry se dit qu'il y était allé un peu fort. Peut-être même s'était-il montré ridicule avec ses articles du Code Pénal. Qu'est-ce qu'ils en ont à foutre des articles du Code Pénal ! En revanche, il usait spontanément du tutoiement dès lors qu'il était en position de force. Sa hiérarchie lui avait déjà signifié qu'avec les nouvelles consignes du ministère, il faudrait qu'il change cette habitude : « je vais essayer mais je ne promets rien. Ce n'est pas vous qui êtes en face d'eux ».

- Je ne suis pour rien dans ce qui est arrivé à Rodi, commandant, bredouilla le nez « piercé ».

- Lieutenant, je suis lieutenant.

- Oui mon lieutenant. Rodi, ça faisait près d'une semaine qu'on ne le voyait plus quand il a été retrouvé à la rivière.

- Et il était où ? Tu dois le savoir. Rodi, c'était ton copain !

- Il créchait chez la vieille Sidonie. A Bras-Pistolet.

- Ben tu vois, quand tu veux. Et vous autres, quelqu'un sait quelque chose ?

Silence prolongé.

- Bien, je reviendrai. J'espère que vous m'avez tout dit.

Le lieutenant Sautron était satisfait de sa journée. « C'est Franck qui va être content », pensa-t-il tout en se disant qu'il avait gagné le droit de rentrer chez lui.

15

UNE ERREUR DE DEBUTANT

Depuis un an, Franck, Thierry et Max partagent un petit-déjeuner, chaque mercredi. Ce matin, c'est Max qui en a la charge et il a frappé fort. Dans la petite salle à manger de la Gendarmerie, il y a sur la table, un pot de café, des croissants, du pain grillé, du miel, de la confiture de papaye et des œufs brouillés.

- Une vraie petite fée du logis, se moqua gentiment Thierry.

- Tu as quelque chose à me demander, Max ? persifla Franck.

- Oui chef, je veux ta place, répliqua-t-il, du tac au tac.

- Je n'aime pas les œufs brouillés, je demande donc ta mutation. Bon assez plaisanté. Merci Max de nous gâter. On parle de notre affaire ? De mon côté, je ne peux pas dire que j'ai des informations réjouissantes. Les Patel étaient à Maurice du 9 au 13. Max, je voudrais que tu ailles chez eux récupérer leurs passeports et leurs billets d'avion s'ils les ont encore. Vas-y mollo, la mère est sur les nerfs. J'ai aussi rencontré Madame Hoarau, la mère du garçon qui est évoqué dans la lettre d'adieu d'Amishi. Rien d'intéressant sinon que son fils est officier de police aux Stups en métropole et qu'il n'a jamais remis les pieds ici depuis 2003. Et toi Max, tu as mes infos ?

- Ce n'était pas bien difficile, elle s'est tuée le 11 octobre 2006.

- Quoi ? Tu peux répéter ça.

- Elle s'est suicidée le 11 octobre 2006.

- Et tu dis ça comme ça ? Ça ne te rappelle rien le 11 octobre ? Et tu veux prendre ma place !

- Maintenant que tu le dis, oui, Rodi a fait son overdose le 11 octobre dernier. Mais chef, je n'étais pas encore sur l'affaire ! Sinon ça m'aurait sauté aux yeux tout de suite.

- Excuse-moi Max, mais c'est la première information intéressante depuis le début !

- Je crois que j'en ai une autre qui va aussi te faire plaisir. J'ai trouvé où logeait Rodi les jours qui ont précédé sa mort, intervint Thierry. J'ai eu l'info hier soir par des vagabonds de Cambuston. Il y a aussi quelque chose d'autre mais je ne sais pas quoi en penser. Jocelyn, l'employé de Marcellin Mangalou a parlé avec un touriste malgache peu de temps avant. Il aurait évoqué Rodi et son mode vie. D'après lui, c'est un karana. Il n'aurait pas posé de questions particulières sur Rodi. Jocelyn dit que c'est lui-même qui en a parlé spontanément. Ce qui est intrigant, c'est que ce touriste est allé à la rivière des Roches pendant plusieurs jours, et qu'après cet échange, on ne l'a plus vu.

Franck se détourna quelques instants de ses collègues. Max et Thierry avaient l'habitude de le voir ainsi, se tenant le menton pendant une minute ou deux, silencieux et concentré. Il analysait les données qu'il venait de recevoir et il élaborait un plan d'action.

- Bon. C'est super les gars. On va pouvoir se bouger un peu. Voilà ce qu'on va faire. Thierry, tu retournes voir tes clodos. Cherche à savoir si un étranger leur a parlé de Rodi, et quand. Après, tu me procures la liste de tous les Malgaches qui sont entrés sur l'île depuis un an, ceux qui sont sortis depuis la mi-octobre et ceux qui résident ici. Max, tu vas voir les Patel pendant que j'irai faire un compte-rendu à la juge. On se retrouve ici après et on va voir l'endroit où vivait Rodi. C'est où exactement ?

- A Bras-Pistolet, chez une certaine Sidonie, répondit Thierry.

- Bien. On se retrouve ici tous les trois, si possible vers cinq heures trente.

Le lieutenant Sautron n'avait pas réagi sur le moment mais il s'en voulait de ne pas avoir eu ce réflexe lui-même. Mais bien sûr qu'il fallait demander au nez « pierce » si quelqu'un d'autre que lui était à la recherche de Rodi ! Une erreur de débutant. Franck Law ne lui a pas fait de reproche mais il aurait pu. Au lieu d'aller à Bras-Pistolet pour rechercher des indices …

Je vais devoir me coltiner les sans-dents. « Totoche ! (Putain!) Il va me falloir être plus concentré sur cette enquête ». Depuis un an, Franck, Thierry et Max partagent un petit-déjeuner, chaque mercredi. Ce matin, c'est Max qui en a la charge et il a frappé fort. Dans la petite salle à manger de la Gendarmerie, il y a sur la table, un pot de café, des croissants, du pain grillé, du miel, de la confiture de papaye et des œufs brouillés.

- Une vraie petite fée du logis, se moqua gentiment Thierry.

- Tu as quelque chose à me demander, Max ? persifla Franck.

- Oui chef, je veux ta place, répliqua-t-il, du tac au tac.

- Je n'aime pas les œufs brouillés, je demande donc ta mutation. Bon assez plaisanté. Merci Max de nous gâter. On parle de notre affaire ? De mon côté, je ne peux pas dire que j'ai des informations réjouissantes. Les Patel étaient à Maurice du 9 au 13. Max, je voudrais que tu ailles chez eux récupérer leurs passeports et leurs billets d'avion s'ils les ont encore. Vas-y mollo, la mère est sur les nerfs. J'ai aussi rencontré Madame Hoarau, la mère du garçon qui est évoqué dans la lettre d'adieu d'Amishi. Rien d'intéressant sinon que son fils est officier de police aux Stups en métropole et qu'il n'a jamais remis les pieds ici depuis 2003. Et toi Max, tu as mes infos ?

- Ce n'était pas bien difficile, elle s'est tuée le 11 octobre 2006.

- Quoi ? Tu peux répéter ça.

- Elle s'est suicidée le 11 octobre 2006.

- Et tu dis ça comme ça ? Ça ne te rappelle rien le 11

octobre ? Et tu veux prendre ma place !

- Maintenant que tu le dis, oui, Rodi a fait son overdose le 11 octobre dernier. Mais chef, je n'étais pas encore sur l'affaire ! Sinon ça m'aurait sauté aux yeux tout de suite.

- Excuse-moi Max, mais c'est la première information intéressante depuis le début !

- Je crois que j'en ai une autre qui va aussi te faire plaisir. J'ai trouvé où logeait Rodi les jours qui ont précédé sa mort, intervint Thierry. J'ai eu l'info hier soir par des vagabonds de Cambuston. Il y a aussi quelque chose d'autre mais je ne sais pas quoi en penser. Jocelyn, l'employé de Marcellin Mangalou a parlé avec un touriste malgache peu de temps avant. Il aurait évoqué Rodi et son mode vie. D'après lui, c'est un karana. Il n'aurait pas posé de questions particulières sur Rodi. Jocelyn dit que c'est lui-même qui en a parlé spontanément. Ce qui est intrigant, c'est que ce touriste est allé à la rivière des Roches pendant plusieurs jours, et qu'après cet échange, on ne l'a plus vu.

Franck se détourna quelques instants de ses collègues. Max et Thierry avaient l'habitude de le voir ainsi, se tenant le menton pendant une minute ou deux, silencieux et concentré. Il analysait les données qu'il venait de recevoir et il élaborait un plan d'action.

-Bon. C'est super les gars. On va pouvoir se bouger un peu. Voilà ce qu'on va faire. Thierry, tu retournes voir tes clodos. Cherche à savoir si un étranger leur a parlé de Rodi, et quand. Après, tu me procures la liste de tous les Malgaches qui sont entrés sur l'île depuis un an, ceux qui sont sortis depuis la mi-octobre et ceux qui résident ici. Max, tu vas voir les Patel pendant que j'irai faire un compte-rendu à la juge. On se retrouve ici après et on va voir l'endroit où vivait Rodi. C'est où exactement ?

- A Bras-Pistolet, chez une certaine Sidonie, répondit Thierry.

- Bien. On se retrouve ici tous les trois, si possible vers cinq heures trente.

Le lieutenant Sautron n'avait pas réagi sur le moment mais il s'en voulait de ne pas avoir eu ce réflexe lui-même. Mais bien sûr qu'il fallait demander au nez « piercé » si quelqu'un d'autre que lui était à la recherche de Rodi ! Une erreur de débutant. Franck Law ne lui a pas fait de reproche mais il aurait pu. Au lieu d'aller à Bras-Pistolet pour rechercher des indices …

Je vais devoir me coltiner les sans-dents. « Totoche ! (Putain!) Il va me falloir être plus concentré sur cette enquête ».

16

SIDONIE

Max le Z'oreil n'arrêtait pas de pester : À ce rythme, il nous faudra encore deux heures et demie pour arriver là-haut ; Si ça continue, je mets le deux tons ; Qu'est-ce qu'ils foutent devant, merde ? Le fait est que, pour arriver au niveau de l'aéroport Roland Garros, ils avaient mis quarante-sept minutes.

- Du calme Max, on n'est pas à Paris ! La voiture ici, c'est une espèce endémique. Une espèce colonisatrice. Il nous reste vingt-cinq kilomètres, on va les faire tranquillement. Dis-moi plutôt comment ça s'est passé avec madame Patel.

- Tranquillement. Tranquillement. Ce n'est pas toi qui conduis !

- Pas de souci Max. Si tu préfères faire des recherches sur ton ordi ...

- C'est pas ça, chef, mais ...

- Alors madame Patel ?

- Pas de problème. Ils avaient les passeports mais pas les billets d'avion. Le mari me les a donnés sans un bonjour et sans un mot. Sa femme a fait comme si elle ne m'avait pas vu ni entendu. Sinon tout est conforme. Ils étaient bien à Maurice du 9 au 13 octobre dernier.

- Bon. Tu as compris qu'avec la concordance des dates du suicide d'Amishi et de la mort de Rodi, ils deviennent les premiers suspects malgré leur alibi. On va devoir creuser : les comptes en banque, les cartes bancaires, les voyages vers Madagascar peut-être, les ordinateurs : e-mails, Facebook, Twitter, les téléphones, le GPS de la voiture. Tout. La juge Béjot dit que si on n'avance pas assez vite, elle demandera une mise sur écoute téléphonique. Tu savais qu'on la surnommait Le Dragon ?

- Tout le monde le sait, chef. Même elle, je crois. Il y en a qui l'appelle le « dragon de Bourbon ».

- Tu sais ce qui lui vaut ce joli qualificatif.

- La cousine de mon amie qui est greffière nous a dit qu'elle cherchait toujours à dominer tout le monde et, que cela peut se manifester par de la violence verbale ou un autoritarisme déplacé. Alors parfois il y a des clashs. Un jour, quelqu'un en réunion, n'en pouvant plus, lui aurait dit : « Vous vous croyez dans un donjon, Maîtresse Blandine ». Elle n'a pas réagi. On pense qu'elle n'a pas compris. C'est le genre de choses qui ne s'apprend pas chez les bonnes sœurs !

- Rien que ça ! On arrive. Tu vois qu'il ne fallait pas s'affoler.

- Excusez-moi Madame, vous connaissez la maison de Sidonie ?

- C'est à deux kilomètres plus haut, il faut prendre le chemin des Jambrosades à droite, puis un peu plus loin, le chemin des Acacias sur la gauche et vous tomberez dans l'impasse des Jacarandas. C'est au bout.

La case rectangulaire, qui se tient assez loin au fond de l'impasse, ressemble à une masse de berlingots écrasés. Le toit, les façades, les volets, les portes et même le perron ont été peinturlurés de façon anarchique. Un chaos de formes et de couleurs. Étonnant et iconoclaste. Vu du ciel, il doit être impossible de distinguer l'habitation du jardin abondamment fleuri. Les volets et la porte d'entrée sont clos.

En l'absence de portail, Franck et Max s'engagèrent dans l'allée naturelle, un sillon creusé par des passages fréquents.

- On est peut-être venus pour rien, murmura Franck. Il y a quelqu'un ? Madame Sidonie ?

- Madame Sidonie ? reprit Max de façon plus énergique.

Après quelques secondes, la porte s'entrebâilla. Une petite dame à la tête chenue, au visage doux et à l'œil sévère apparut. Sa peau est d'un noir profond avec des reflets bleutés. Des rides de caractère garnissent son front. Elle est vêtue d'une toge blanche descendant jusqu'à ses pieds nus. Visiblement, elle a été dérangée dans son activité.

- Kossa zot y veut ? (Qu'est-ce que vous voulez?)

Le ton n'est pas des plus accueillants.

- Madame, nous sommes gendarmes. Lieutenants Law et Leblond. Nous enquêtons sur la mort de Rodi Mangalou. Il a habité chez vous, je crois.

- Koz créol ek mwin. Mi préfère. (Parlez créole avec moi. Je préfère).

- Bon Max, je vais devoir la questionner seul.

- Rodi lé mort. Lu la habit ek vous ? (Rodi est mort. Il a habité chez vous?)

- Non. Rodi lu la habité la kaz à côté. (Non. Rodi habitait la case d'à côté).

- Vous lui avez loué cette case ?

- Non. Il venait dormir là de temps en temps. Je le laissais faire. C'est interdit ?

A la question posée en français, Madame Sidonie avait répondu en français ! Franck décida donc de poursuivre ainsi.

- Il faut que l'on parle, Madame. Pouvons-nous entrer ?

- Est-ce que j'ai le choix ? Il n'y a pas de chaises mais des coussins ; et c'est sombre. Vous devez aussi enlever vos chaussures.

Aussitôt à l'intérieur, Franck et Max s'échangèrent un regard perplexe. Ils devaient sûrement penser : « on aurait mieux fait de rester dehors » D'un coup d'œil circulaire, ils découvrent un lieu aussi sinistre que l'extérieur est chatoyant. Ce qui semblait être une maison d'artiste est en réalité un espace de cérémonie un peu angoissant. On est tout de suite frappé par l'obscurité quasi totale qui y règne. La pièce est assez grande, peut être huit mètres sur cinq. Tout est noir ; les tentures tapissant les murs, le plafond et le sol. Sur la gauche, la tenture est constellée d'inscriptions en français et en latin : Orgueil-Superbia, Avarice-Avaricia, Envie-Invidia, Colère-Ira, Luxure-Luxuria, Gourmandise-Gula, Paresse-Acedia ; les sept péchés capitaux !

Il y a aussi des signes à connotation religieuse ou philosophique : roue du Dharma, fleur de lotus, croix chrétienne, oeil de la Providence, croix solaire, étoile de David, lion de Juda, croissant et étoile, menora, main de Dieu, svastika, taiji, torii, omkar ... Un autel également tapissé de noir est dressé sur la droite. Au milieu de quelques bougies allumées, sont disposées de nombreuses statuettes : Bouddha, Vierge Marie, Christ en croix, Vishnou, Brahma, Shiva, vierge au parasol, vierge noire, Saint Expédit, ... ; de l'eau bénite, du sel consacré ... ; mais aussi des objets de dévotion, des amulettes et des gris-gris : chapelets, guirlandes de fleurs fraîches, reliquaires, médailles, photos de Mme Visnelda, du père Dijoux, du pape Paul VI, du dalaï-lama ; de l'eau bénite, des pattes de papangue, des cous de poulet ...

Au pied de l'autel, des bouquets de fleurs, des offrandes, des photos en grand nombre, des plaques de remerciements pour satisfactions profondes et grâces éternelles ... La fresque peinte au-dessus de l'autel représente de nombreux Satan, petits et grands, de diablotins et de lutins qui, dans une immense orgie de corps, sont occupés à copuler, à dévorer des enfants ou à déféquer des êtres humains. Certains ont des queues, d'autres ont des tentacules, presque tous ont des cornes. Le tout, dans des nuances de gris, est absolument effrayant. Au centre, une vasque de terre cuite d'un mètre de diamètre est posée à même le sol. Des cendres résiduelles laissent à penser qu'elle sert de foyer. Quatre coussins rouges encadrent le réceptacle. Dans un coin, un évier et quelques nattes de repos, comme des intrus, apportent à l'ensemble un peu de réalité palpable.

Max le Z'oreil ne cache pas son malaise. Il jette sans cesse des regards inquiets autour de lui comme s'il craignait de voir apparaître un quelconque esprit frappeur, un ectoplasme qui surgirait à ses côtés, ex abrupto. Il ne savait dire si cela avait un lien avec ce qu'il voyait, mais il se jura intérieurement de se mettre sérieusement à l'apprentissage du créole !

- Vous êtes en train de vous demander si vous êtes dans un lieu de culte satanique, lieutenant ! Rassurez-vous. Mon travail consiste à combattre le mal. Sous toutes ses formes. J'étais d'ailleurs à l'ouvrage quand vous êtes arrivés. Si cette peinture domine tout, c'est que c'est la réalité de la vie terrestre. Le Mal cherche à nous soumettre. Regardez ! Nous avons besoin de tous les dieux pour le combattre, dit-elle en désignant l'autel. Satan prospère sur la cupidité, la jalousie et la luxure qui caractérisent notre époque. J'aide les gens à le combattre. J'essaie aussi de leur donner un peu de bonheur et une meilleure santé.

L'hostilité du début avait disparu. Madame Sidonie se montrait désormais attentive et coopérative.

- Et Rodi, vous l'aidiez à combattre le mal ? questionna Franck.

- Au début du mois, je ne le connaissais pas encore. En cueillant quelques fleurs, j'ai entendu gémir du côté de la cabane. C'était lui. Il avait l'air malade, alors je lui ai dit qu'il pouvait rester le temps de se requinquer.

- Vous l'avez soigné ?

- Il toussait et il transpirait beaucoup. Il avait mal à l'estomac aussi. Je lui ai préparé des tisanes de faham et d'ambaville. Deux jours après, il allait mieux. J'aurais pu le soigner pour l'alcool et la drogue, mais je n'en ai pas eu le temps.

- Vous connaissez le datura, madame ?

- Bien sûr lieutenant. Quand on fait mon métier … Ici on l'appelle Herbe du Diable. D'ailleurs, il y en a dans le jardin. Ça pousse tout seul ces plantes-là. J'en utilise pour soigner l'asthme ou les articulations … et un peu aussi pour mes cérémonies.

- Est-ce que quelqu'un d'autre est venu à la cabane depuis le début du mois ?

- Je n'ai vu personne, du moins quand j'étais là. Je n'y suis pas allée non plus. Rodi venait ici pour chercher ses tisanes.

- Nous allons devoir inspecter et faire des prélèvements dans la cabane et aux alentours. Nous allons maintenant y jeter un coup d'œil. On posera des scellés et demain, la police scientifique viendra faire le nécessaire.

- Allez-y, il n'y a pas de porte.

- Merci, Madame Sidonie. Désolés d'avoir interrompu votre travail.

Franck et Max se rendirent à la cabane en coupant à travers la haie de manioc.

- Elle m'a foutu les jetons. T'as vu cet endroit ! C'est flippant, dit Max en bégayant.

- Pas pour nous les Réunionnais. On respecte et on a peur des gens comme elle. Il y en a qui sont prêts à payer cher pour un désenvoûtement ou pour reprendre contact avec un proche défunt. Pour la plupart, les guérisseurs, les médiums et les exorcistes d'ici sont originaires des Comores ou de Madagascar. Tu as vu la femme en photo, sur l'autel ? C'est Madame Visnelda. Sa famille était de Diégo Suarez. Cette femme est vénérée comme une sainte. À l'Étang-Salé, dans son ancienne maison familiale, à l'endroit où elle venait se recueillir chaque jour, il y a, sous une Vierge en larmes, de nombreux ex-voto, d'innombrables remerciements pour les vœux exaucés. C'est devenu un lieu de pèlerinage. Il y a même une école qui porte son nom !

- Mais quand on voit toutes ces statuettes et ces gris-gris, on se demande en quel Dieu elle croit, Madame Sidonie.

- Les créoles n'ont pas d'exclusive. Le métissage ici est également religieux et philosophique. C'est comme en cuisine, nous avons les fondamentaux : le riz, les féculents, les légumes, les viandes, les poissons, les œufs … Ensuite, on prend les ingrédients venus d'ailleurs : le massalé, le combava, le boucané, les sarcives, le rougail … La base en religion c'est majoritairement le christianisme, mais le syncrétisme est la pratique.

- Saints crétins ou pas, elle m'a foutu les jetons !

- Attention, Max, ne blasphème pas, elle nous entend d'ici. Et ta peur va véritablement être justifiée. Fais gaffe !

Max devint écarlate. Il marmonna quelque chose qui ressemblait à : « j'aurais peut-être dû fermer ma gueule ». Franck eut le sentiment que, plus jamais, il n'évoquerait le sujet de cette façon.

En découvrant le pourtour du cabanon envahi par les hautes herbes ils furent rassurés. Personne ne semble en effet être venu ici ces deux dernières semaines. Ils restèrent sur le pas de la porte et inspectèrent visuellement l'intérieur. À cette heure, la nuit commence à tomber. C'est la pénombre qui prédomine. Max prend un appareil photo et une lampe de poche de sa besace.

Dans la pièce, il n'y a rien d'autre qu'une table sur laquelle sont posés un verre et une bougie usagée ; un tabouret et un matelas de mousse sur une natte de vacoa. Par terre, à côté du matelas, des canettes vides de dodo, du papier à rouler OCB, des allumettes, une moque devant servir comme cendrier, un grand sac contenant des vêtements sales, son armoire ambulante sans doute, et un petit sac à dos à moitié ouvert. Max prit plusieurs clichés au flash, sous des angles différents.

- Quelle vie ! s'exclama Franck.

- Chef, regarde. Ici à gauche. Il y a des branches cassées, là. Les traces vont jusque là-bas, dit Max en dirigeant sa lampe du côté de la ravine.

- En effet, quelqu'un est passé par là. Appelle tout de suite la scientifique. Il faut qu'ils viennent à la première heure demain. Je veux un plan précis du cabanon et des environs immédiats. Il nous faut une carte IGN également.

17

C'EST UN PRO

Max et Thierry discutaient avec leur patron quand le commandant Técher entra et se joignit à eux. Après la découverte d'une probable présence étrangère à la cabane de Bras-Pistolet, Franck avait laissé du temps à ses équipiers et à la police scientifique afin qu'ils puissent poursuivre leurs investigations. Il attendait beaucoup de cette réunion. C'est naturellement le commandant Técher qui eut prioritairement la parole. Le résumé qu'il fit de leurs travaux à l'intérieur de la cabane et aux alentours était un modèle de professionnalisme et de concision.

« Un individu, un seul, est venu à la cabane entre le 10 et le 12 octobre. Notre marge d'erreur à ce sujet est faible, car nous avons fait appel au meilleur botaniste de l'île, celui qui officie au Jardin d'Eden. Il est formel, les nouvelles pousses sorties des branches abîmées ont au maximum treize jours.

Les traces laissées dans les hautes herbes et sur les branchages indiquent qu'il a effectué deux passages. La première fois, il est reparti en transportant une charge importante. Les marques de pas ne laissent aucun doute là-dessus. En bordure du terrain se trouve une ravine facilement franchissable et de l'autre côté de cette ravine, on accède à un chemin forestier, en principe réservé aux Eaux et Forêts.

Un véhicule a stationné sur ce chemin pratiquement face à la cabane. Les empreintes laissées par les pneus sont celles de Bridgestone B250 165/65 R15 81T. Elles sont profondes aux quatre roues, ce qui signifie que les pneus étaient neufs ou presque. Ce modèle peut équiper de nombreuses marques de constructeurs automobiles. Notre chance est que ce chemin n'est pas fréquenté. Aux Eaux et Forêts, ils nous ont indiqué qu'un seul de leur 4x4 y avait circulé depuis le début du mois. Depuis qu'ils ont fait tomber les trafiquants de choux de palmiste, ils ont réduit leur surveillance.

La seconde fois, nous croyons que l'individu est revenu pour un nettoyage méthodique de la table, des chaises et du sol jusqu'à la porte et le perron. Les marques observées sur la table, au sol, sur le perron et aux abords de celui-cisont dues à l'utilisation de javel à un dosage élevé. En outre, il y a des résidus de serpillère dans ce périmètre.

Hors de cette zone, nous avons trouvé des empreintes digitales mais aussi des cheveux et des rognures d'ongles. Ils appartiennent à Rodi et à un individu de sexe féminin. Ce n'est pas encore dans le rapport mais j'ai eu le labo juste avant, il s'agit de ceux de Madame Sidonie. Le verre, bien qu'ayant également été nettoyé, contient de faibles traces de datura stramonium. Enfin, nous avons relevé des marques récentes de chaussures de ville, sur le perron et le pas de la porte. Nous pensons qu'il s'agit de la vôtre lieutenant Law, et de celle du lieutenant Leblond.

En conclusion, hormis le fait que nous sommes certains qu'un individu est entré dans la cabane, a transporté une lourde charge jusqu'à un véhicule se trouvant sur le chemin forestier puis est revenu pour nettoyer le local avant de repartir ; on peut seulement en déduire que l'acte a été prémédité, que l'individu a repéré préalablement les lieux, qu'il est costaud et que c'est un pro. Sinon, rien ne nous permet de dire s'il a agi seul ou bien si un ou des complices l'attendaient dans la voiture ».

Le commandant Técher s'interrompit, visiblement satisfait de son intervention. Franck et son équipe levèrent leurs pouces en l'air, signifiant ainsi leur admiration pour la qualité du travail de terrain et d'analyse de la scientifique.

- Max, tu as les cartes que je t'ai demandé ?

- J'ai mieux, chef, répondit Max le Z'oreil en posant son MacBook sur le bureau de Franck.

Sur la majeure partie de l'écran, il y a une image d'une exactitude et d'une netteté remarquables du quartier de Bras-Pistolet avec la maison de Sidonie, la cabane de Rodi, la ravine et le chemin forestier.

On y distingue sans peine les galets recouvrant le lit de la ravine ! En bas du cliché, à droite on peut lire la mention « © 2014 - Google Earth Pro ».

Thierry Sautron remarqua, à voix haute : « Désormais, je vais éviter d'aller pisser dans la nature », mais il subit aussitôt le regard réprobateur de son patron.

En même temps, Franck comprenait ce que Thierry a voulu exprimer. Il avait lui-même vu un reportage sur des drones de la taille d'un insecte embarquant un GPS militarisé ainsi qu'une caméra UHD à infrarouge. L'insecte transistorisé était plus silencieux qu'un diptère. Il s'était alors fait la réflexion que les moyens de surveillance intrusifs avaient atteint un stade véritablement cauchemardesque. George Orwell était tellement en deçà de la réalité, lui qui avait été visionnaire en la matière, soixante-cinq ans auparavant ! Little Fly avait évincé Big Brother en quelques décennies. Et c'était réellement flippant. S'il fallait désormais se méfier des chiures de mouche !

Au sujet de ces drones, Franck s'était imaginé une anecdote qui avait beaucoup fait rire Deborah.

La scène se passe dans la chambre d'un palace de Monte-Carlo. Un sujet de Sa très Gracieuse Majesté prénommé James tente vainement de satisfaire une espionne russe au doux nom de Svetlana, rôle joué sans conviction par Maria Sharapova. James est manifestement armé d'un pistolet à eau ! Sa mésaventure est filmée par cinq de ces bestioles électroniques programmées en vol stationnaire autour du lit « queen size ».

La panne sexuelle de « Bond. My name is Bond. James Bond » est ensuite diffusée en 3D sur YouTube. Le mythe du SuperLover s'effondre ... en majesté.

Dans une fenêtre plus petite du Macbook de Max, un tableau fournit différentes distances : de la cabane de Rodi à la ravine : 30 mètres, de la ravine au chemin forestier : 128 mètres, de la chapelle de Sidonie à la cabane : 33 mètres, de la cabane à la première habitation : 221 mètres ...

Max précisa que le concepteur du logiciel garantissait une justesse de plus ou moins soixante-quinze centimètres. Le commandant Técher intervint à nouveau et il prononça des paroles empreintes de bon sens :

- Ces chiffres corroborent nos propres relevés et si on considère l'éloignement de la cabane avec l'habitation la plus proche et l'immense forêt domaniale de l'autre côté de la ravine, l'individu a pu opérer en toute tranquillité. De toute évidence.

- J'ajoute commandant que, Sidonie venant à Bras-Pistolet durant la journée, notre homme a forcément dû agir de nuit. Vous féliciterez votre équipe pour cet excellent travail. Je vous tiendrai personnellement informé de toute évolution significative de l'enquête. Avant que la presse ne s'en empare.

Le commandant Técher arbora un sourire qui en

disait long sur le sentiment qui l'animait. Sentiment légitime par ailleurs. Et, de rituel, il ne manqua pas, avant de tourner les talons, de rappeler combien il avait dû lutter pour obtenir les moyens matériels et humains dignes d'une Unité de Police Scientifique et Technique. Il avait aussi mis en place une cellule de veille technologique afin d'être toujours au top au sein de la profession. Il considérait, non sans raison, que son équipe était parmi les plus performantes de France. Depuis quelque temps, il recevait des candidatures spontanées venues de Paris, Marseille ou Lyon. Même s'il devait les refuser, cela flattait son ego et, imperceptiblement, son comportement changea. Il avait, comme on dit, « pris la grosse tête ».

Franck décréta une pause de vingt minutes. Thierry et Max en profitèrent pour peaufiner leur intervention. Ils le faisaient pour se donner bonne conscience mais ils étaient pleinement lucides. Après ce qui avait été dit par Raymond Técher, leurs informations ne valaient pas tripette.

- Bon les gars, on se donne une heure max, dit Franck lorsque ses équipiers entrèrent à nouveau dans son bureau. Qu'as-tu appris des SDF, Thierry ?

- Ben, tu avais raison. Il y a bien quelqu'un qui cherchait après Rodi. Un clochard que personne ne connaissait. Il disait que Rodi lui devait une bière. C'était le 7 octobre. Le gars s'en souvenait parce que ce jour-là, il a eu une dispute avec les autres clochards. Ils lui reprochaient d'avoir dévoilé où était Rodi. Que le type était peut-être un flic.

- Il a pu le décrire ?

- Il était comme eux, en guenilles et puant la bière. Avec barbe hirsute, moustache fournie, cheveux sales et en bataille, sous une casquette jaune et blanche. Répugnant. Il parlait comme eux aussi. La seule chose qui le distinguait, c'est qu'il était grand et plutôt baraqué.

- Bon. Tu as pu établir la liste des Malgaches qui vivent ici et ceux qui sont entrés et sortis récemment ?

- Pour ça, la préfecture est hyper efficace. J'ai commencé par ceux qui sont sortis depuis la mi-octobre. Il y en a cinq. Aucun d'eux ne porte de nom karana. Depuis un an, il y a eu trente-trois entrées, y compris les cinq qui sont partis depuis mi-octobre. Tous ont quitté l'île pour aller soit chez eux soit en métropole où ils vivent. Sinon, il y a mille sept citoyens malgaches qui vivent ici. La plupart vivent au Port des Galets. Ils sont arrivés par bateau du port de Toamasina, l'ancienne Tamatave. Quelques-uns, une centaine tout au plus, se sont installés à Saint-Denis. Ils y vendent de l'artisanat. Principalement aux touristes. Pour tous ceux qui ont un patronyme karana, j'ai essayé en vain de trouver un lien familial, amical ou professionnel avec les Patel.

- Super boulot Thierry. Il va falloir retourner à Bras-Pistolet. Je veux une enquête de voisinage. Le commandant Técher a justement fait remarquer que notre homme a obligatoirement dû effectuer un repérage. Cherche à savoir si quelqu'un s'est intéressé ou bien s'est trouvé du côté de l'impasse des Jacarandas.

- Et toi, Max ? Les comptes en banque des Patel, les téléphones, tout ça.

- D'abord chef, je n'ai jamais vu une vie aussi plate. Pas de Facebook ! Pas de Twitter ! Des e-mails, peu nombreux, uniquement avec des correspondants à l'île Maurice et en Inde. Pareil pour le téléphone. Toujours avec l'Inde, avec Maurice et aussi la famille ici, des frères et des sœurs. Quelques voyages, surtout avant la mort de leur fille. Toujours en Inde et à Maurice. Ils ont un ordinateur au magasin et un autre à la maison. Celui du magasin est strictement professionnel, échanges avec les fournisseurs et les clients, compta, catalogues en ligne ... Celui de leur domicile sert uniquement aux mails privés. J'ai vérifié le niveau du trafic internet auprès de leur fournisseur d'accès. Il ne peut pas y avoir d'autre usage.

Leur voiture, une compacte allemande, a deux ans et mille cinq cent soixante-dix-sept kilomètres, ce qui correspond à peu de chose près à un aller-retour de leur domicile au magasin, six jours sur sept. Le GPS n'a jamais servi. Côté banque, ils ont trois comptes. Deux comptes personnels et un compte professionnel. Côté professionnel, c'est carré. Rien à dire. Côté privé, à part leur voyage récent à Maurice où ils se sont fait un petit plaisir en descendant au Prince Maurice, la seule dépense significative depuis 2006 concerne une installation solaire de qualité. 18.000 euros. Sinon c'est alimentation, impôts, gaz, assurances ...

Pour les PLC, c'est inexistant. Même les retraits en liquide sont de peu d'importance.

- PLC ?

- Oui, pardon. Plaisir, Loisir, Culture. Je n'ai pas cherché avant 2006 mais je suis sûr que depuis la mort d'Amishi, ça ne les intéresse plus.

- Bon, dit Franck, si je résume la situation, nous sommes désormais certains : que Jocelyn Virapoullé a parlé de Rodi avec un touriste qui se dit malgache, les 6 et 7 octobre. Grand et costaud ; qu'il y a au moins un homme grand et costaud qui s'est intéressé à Rodi le 7 octobre dernier. Un inconnu des SDF, s'ils ne nous mentent pas. Ensuite, aux environs du 11 octobre, date de la mort de Rodi, quelqu'un, est-ce le même homme, est allé à Bras-Pistolet, a porté une charge lourde de la cabane vers le chemin forestier où était stationné une voiture particulière, puis il est revenu à la cabane, a tout nettoyé et il est reparti. Il devait donc être costaud lui aussi. On n'a rien de probant, ni du côté des Malgaches, ni du côté des Patel. On peut aussi exclure les SDF qui n'ont pas les moyens de se payer une voiture ou bien même d'organiser, seuls, une telle expédition.

18

LES DONS DE SIDONIE

Lisette, Félicité et Bienaimé furent priés de s'installer sur trois coussins rouges autour de la vasque dans le centre de laquelle des branches et des feuilles séchées avaient été disposées en un tas conséquent. Sidonie leur avait distribué des toges blanches semblables à la sienne.

Ces trois-là avaient un goût prononcé pour ces cérémonies. Ils ne refusaient jamais les sollicitations de Sidonie. Ils savaient parfaitement que si elle les choisissait, c'est qu'ils possédaient en eux des dons singuliers et les qualités de cœur des vrais croyants. À d'autres occasions, ils l'avaient aidée à établir le contact avec des disparus, des êtres chers. Les défunts, leur disait-elle, ont besoin de savoir qu'ils seront acceptés pour ce qu'ils sont aujourd'hui et non pas pour ce qu'ils furent. Qu'ils ne seront pas jugés, mais aidés sur le long chemin de leur Passage vers la Lumière. Elle leur disait qu'ils étaient des médiums en devenir et que chaque cérémonie les rendrait capables, le moment venu, de mener, eux-mêmes, leurs propres rituels. Lisette, Félicité et Bienaimé étaient extrêmement sensibles à ces marques de confiance. Ils éprouvaient un immense respect pour cette femme qui avait accompli un véritable miracle une quinzaine d'années auparavant. Même l'Église avait dû en convenir.

Sidonie tendit un breuvage à Lisette, à Félicité et à Bienaimé, et leur dit : « Cette potion nous aidera, mes sœurs, mon frère, à être plus réceptifs. C'est mon secret et je ne peux le partager. Vous devrez sans cesse étudier, encore et encore, pour accéder à ce Savoir ».

Tandis que le trio buvait l'élixir secret de Sidonie, celle-ci fit un feu des branchages et des feuilles séchées. Une épaisse fumée se dégagea alors du récipient, diffusant un parfum suave et enivrant. Sidonie attendit une ou deux minutes puis, considérant que ses « assistants » étaient fins prêts, elle s'installa à son tour sur le coussin rouge faisant face à l'autel et à la fresque monstrueuse. Elle installa, à sa droite, un cinquième coussin de couleur blanche. L'obscurité naturelle du lieu et les fumées encore denses l'empêchaient de voir distinctement ses acolytes, mais elle pouvait constater que sa décoction cumulée aux émanations de la vasque avait produit les effets attendus. Lisette et Félicité, de constitution plutôt chétive, avaient pris de l'avance sur Bienaimé. Elles semblaient s'adresser, à voix basse, à des inconnus invisibles : « Tu es beau », « J'aime la chemise que tu portes », « Pourquoi tu m'as fait ça ? »

Sidonie décida de commencer avant qu'elles ne puissent être ramenées à la véritable raison de leur présence.

Mes sœurs, mon frère, ...

Le silence se fit aussitôt qu'elle eut prononcé ces mots.

... nous sommes ici pour permettre à Rodi de revenir parmi nous, pour nous dire ce qu'il souhaite que l'on fasse pour lui. Qu'il sache combien nous l'aimons, quoi qu'il ait pu faire ou dire au cours de sa vie terrestre. Je vous demande de tendre vos bras devant vous, au-dessus des cendres chaudes, et de vous prendre par la main. Gardez toujours cette position et faites le silence absolu pour me permettre et vous permettre d'entendre Rodi quand il se décidera à nous parler.

Sidonie, elle non plus, ne dit plus un seul mot pendant un laps de temps qui put paraître une éternité puis, le regard tourné vers l'autel et, d'un ton solennel, elle clama :

Rodi Mangalou, quelqu'un t'a fait du mal, nous le savons. Nous sommes ici pour te rendre justice, si tu le veux. Nous sommes ici pour te permettre d'accéder à la Lumière. Viens te joindre à nous, nous t'avons fait de la place à nos côtés. Viens nous dire ce qui te tourmente. Viens nous dire ce qui t'empêche d'avancer en paix vers l'empyrée ...

Sidonie s'adressa ainsi à Rodi, sans interruption, pendant une vingtaine de minutes tandis que les bras de Lisette, de Félicité et de Bienaimé faisaient des mouvements de plus en plus rapprochés, de bas en haut et de haut en bas. On pouvait penser qu'ils jouaient à un jeu étrange et muet. Qu'ils cherchaient à s'envoler. Ils paraissaient battre des ailes.

Brusquement, une voix grave s'éleva :

Me voulez-vous vraiment du bien ? J'ai tellement souffert depuis la mort d'Amishi !

Oui Rodi, nous t'aimons. Nous voulons t'accompagner dans ta longue avancée vers le Passage, répondit Sidonie à la voix.

En réalité, les deux voix sortaient à tour de rôle de la bouche de Sidonie. Comme si Rodi se servait d'elle pour porter sa parole.

… tu me connais Rodi, je t'ai soigné. Je t'ai hébergé. Mes fidèles, ici, sont comme moi, miséricordieux, et …

Sidonie n'eut pas le temps de terminer sa phrase. Lisette, Félicité et Bienaimé virent se déformer le coussin blanc qui prit la forme d'un fessier imposant. Leurs visages s'illuminèrent puis soudain se figèrent, exprimant une gravité extrême. Leurs bras battaient de plus en plus vite.

Je suis contente de te savoir près de nous Rodi. Dis-nous ce que nous pouvons faire pour toi, dit Sidonie en s'adressant à cette voix qui ne lui appartenait pas.

Il y a tellement de choses, répondit la voix.

Dis-le-nous Rodi. Nous t'écoutons.

Il y a ma mère et mon père, je leur ai fait tant de mal. Et puis Amishi … Ses parents souffrent aussi.

Nous irons leur parler. Nous leur demanderons de te

pardonner. Nous prierons pour qu'ils t'accordent leur pardon. Tes parents aussi doivent savoir ce qui t'est arrivé.

Cet homme ... je ne le connaissais pas mais il ne m'aimait pas. Il est venu le soir à la cabane. Il m'a dit des choses terribles. Que je méritais de mourir. Je n'avais pas d'énergie pour me défendre. Il était grand et vigoureux. J'avais fumé. C'était la pleine lune, j'étais agité. Il m'a forcé à avaler un petit objet puis il m'a fait boire quelque chose et après, je ne me souviens plus de rien. Maintenant, je vois ma mère et mon père mais ils ne m'entendent pas quand je leur parle. Je suis seul.

Nous sommes avec toi, Rodi. Nous serons ta voix. Sois rassuré, tu rejoindras bientôt le Royaume Céleste. Si tu as quelque chose à leur dire, fais-moi un signe, je te contacterai comme nous l'avons fait aujourd'hui. Nous devons nous quitter maintenant. Nos forces s'épuisent.

Le coussin blanc reprit instantanément sa forme initiale. Et ce fut à nouveau le silence. Un silence que Sidonie maintint pendant quelques dizaines de secondes puis, elle posa ses mains sur celles, jointes, de Lisette, de Félicité et de Bienaimé, et elle dit :

Grâce à vous, j'ai pu établir le contact avec Rodi. Vous avez entendu ses paroles. Désormais, nous sommes tous ses messagers. Vous déciderez par vous-mêmes la meilleure façon de l'aider. À présent, allons nous reposer.

19

ANTENNE REUNION

« Rodi Mangalou nous dit tout. Le mort de la pleine lune aurait communiqué avec Madame Sidonie en présence de trois autres personnes ». C'est ainsi que Gabrielle Séchan, la présentatrice vedette du 20 heures, ouvrit son journal.

Les téléspectateurs avisés ont tout de suite noté le mélange d'affirmation et de conditionnel. Ce procédé, qui consiste à donner satisfaction aux uns et aux autres, avait fait ses preuves dans bien des domaines.

Elle poursuivit en donnant des détails sur cette information sensationnelle : « La fille d'une participante à une séance de spiritisme a posté un message sur notre site internet à la rubrique « Vous avez été témoin », affirmant que sa mère a entendu la voix de Rodi Mangalou. Celui-ci aurait donné des précisions concernant les circonstances de sa propre mort. Contactée par notre service Société, Félicité Dijoux a confirmé l'information. Je vous invite à l'écouter dans le court entretien exclusif qu'elle nous a accordé ».

D'abord un plan large et, dans le cadre on aperçoit la journaliste en compagnie de Félicité Dijoux, sur le trottoir, face à une épicerie. Une dizaine de personnes se bousculent autour d'eux pour se retrouver à l'image. Le plan se resserre :

Antenne Réunion : « Madame Dijoux, que vous a dit exactement Rodi Mangalou ? »

Félicité Dijoux : « Qu'un homme l'avait forcé à avaler quelque chose, un petit objet. Puis qu'il lui a fait boire un verre. Après il ne se souvient plus de rien ».

Antenne Réunion : « Pardonnez-nous cette question, Madame, mais vous y croyez vraiment à cette … cette rencontre avec Rodi Mangalou ? »

Félicité Dijoux prit un air offusqué : « Madame Sidonie est une sainte. Elle parle aux morts. Elle guérit toutes les maladies. Elle chasse les démons. Demandez à Lisette et à Bienaimé. Ils étaient là aussi ».

Antenne Réunion : « Je vous remercie, Madame Dijoux ».

Gabrielle Séchan lisait une note sur le pupitre devant elle quand le voyant rouge de la caméra l'a surprise. Elle fit comme si de rien n'était, releva la tête et poursuivit : « Nous ne manquerons pas de vous tenir informés des suites de cette affaire dans les jours à venir. À présent, passons aux autres évènements qui ont marqué la journée ».

20

MONTGAILLARD

Comme il le faisait chaque soir, Franck prenait tranquillement un verre avec Deborah quand le téléphone sonna.

Leur maison de Montgaillard domine la baie de Saint-Denis. De la terrasse où ils aiment s'installer et bavarder, ils aperçoivent au loin l'aéroport de Gillot-Roland Garros. Leur intérieur est cosy sans être luxueux. Leur ami Philippe, un ébéniste doué, leur a confectionné un mobilier sur mesure en tamarinier. Unique et splendide. L'air est doux et les lumières de la ville s'offrent à eux, créant une atmosphère de fête permanente.

Habituellement, ils ne répondent pas après dix-neuf heures. « Si c'est important, on laisse un message » avaient-ils coutume de dire. Ce soir-là, c'est ce qui se passa. Le répondeur se déclencha :

« Franck, met Antenne. Tout de suite ».

C'était une injonction. Franck se leva précipitamment et se dirigea vers la télécommande qu'il actionna aussitôt. Deborah l'avait accompagné dans ce mouvement. Thierry n'avait pas pour habitude de les déranger inutilement, elle le savait. Ce devait être vraiment sérieux. Lorsque l'image apparut, ils virent et entendirent Gabrielle Séchan :

« … affirmant que sa mère a entendu la voix de Rodi Mangalou. Celui-ci aurait donné des précisions concernant les circonstances de sa propre mort».

Franck se figea. Il était dans un état de totale stupéfaction.

« … Qu'un homme l'avait forcé à avaler quelque chose, un petit objet. Puis il lui a fait boire un verre. Après il ne se souvient plus de rien ».

- C'est quoi ce bordel ! Je crois que le dragon de Bourbon va nous cracher ses flammes », dit Franck en secouant la tête.

Il était anéanti.

- Qu'est-ce qui se passe ? demanda Deborah.

- Nous étions six à disposer de ces informations capitales et confidentielles : la juge Béjot, la légiste Anicette, le commandant Técher, Thierry, Max et moi-même. Et on vient de les donner au 20 heures. Voilà ce qui se passe. Tu peux le croire !

- Quelqu'un a été indiscret ? Ce serait bien la première fois.

- Si on considère que Salomé Anicette n'a jamais été

tenue informée de l'enquête depuis l'autopsie et que Thierry n'a jamais été en contact avec Sidonie, alors il reste Técher, Max et moi ! Je vois le tableau d'ici. Demain à neuf heures cinq la juge appelle : « Dans mon bureau à neuf heures et demie, lieutenant ». Ça va être sanglant, c'est certain. Et après, on ne sait pas ce qui peut se passer.

- Que veux-tu qu'il se passe ? Vous virer de l'enquête ! Ça me paraît impossible.

Deborah avait raison. Sur quel motif la juge pouvait-elle décider d'une sanction ? Contre qui ? Non, le vrai souci désormais, c'est comment on allait faire pour travailler en confiance. Elle va se méfier de toute l'équipe. On peut le comprendre. L'esprit de Franck s'embrouillait. Des pensées multiples et contradictoires se bousculaient dans son cerveau. D'une certaine façon, se disait-il, cela va peut-être donner une nouvelle orientation à l'enquête. Après tout, il n'avait rien d'autre qu'un suspect non identifié et une présomption de culpabilité des Patel. Cet incident allait créer des opportunités. Des gens vont sans doute se mettre à parler. Et puis cette idée de vouloir garder ces informations confidentielles n'avait vraiment pas de sens. Au contraire. Cela fait quelques jours que les journaux parlent d'enquête qui piétine ... Si on leur donnait de la matière, ils pourraient au moins voir qu'on travaille sérieusement. Que c'est compliqué. Ils auraient un épisode chaque jour. Ça fait vendre. Maintenant, avec Sidonie dans le jeu, on ne maîtrise plus rien.

Franck en était à ses prises de tête lorsque le téléphone retentit à nouveau.

Sans hésiter, il décrocha :

Franck ?

Oui Thierry.

Tu as vu ça ?

Oui, je suis atterré.

Mais qu'est-ce qui lui a pris à cette Sidonie ?

Thierry, attends une seconde s'il te plaît.

Thierry venait de dire une chose qui remit Franck dans l'enquête. Thierry, je te rappelle dans dix minutes.

Franck raccrocha et aussitôt, appela Marcellin Mangalou.

« Bonsoir monsieur Mangalou. C'est le lieutenant Law. Désolé de vous déranger à cette heure. Vous avez vu les infos d'Antenne Réunion ?

Oui lieutenant, et ça me révolte d'entendre ça, comme ça, sans avoir été prévenu.

Ce n'est pas vous qui avez demandé à Sidonie ?

Mais je n'ai rien demandé à personne !

Écoutez, je regrette que cela se soit passé comme ça. Comprenez que je ne peux pas tout vous dire, cela mettrait en péril notre enquête. Sachez seulement que nous faisons le maximum pour retrouver celui qui a fait ça.

Bonsoir lieutenant. Merci d'avoir appelé ».

Comme promis, Franck rappela Thierry.

« Excuse-moi pour tout à l'heure. Je devais vérifier

quelque chose.

Pas de souci, Franck. Je te disais que je ne comprenais pas cette Sidonie. Soit elle est vraiment médium et le père de Rodi lui a demandé d'intervenir, mais dans ce cas il avait tout intérêt à nous donner l'info lui-même ...

Je t'arrête tout de suite. Ce n'est pas le cas. Marcellin Mangalou n'a rien demandé à Sidonie. Je viens de le vérifier.

... soit Sidonie a eu l'info, grâce à ses dons et de sa propre initiative ; soit elle l'a eu par indiscrétion, et dans ces deux cas, elle l'a exploité à des fins personnelles ; soit elle a été témoin et elle se fait mousser avec cette histoire de spiritisme ; soit elle a participé à l'assassinat et, dans ces deux derniers cas, elle prend un grand risque en jouant au médium. »

Tout occupé à imaginer la réaction de la juge et à préparer son argumentation, Franck dut admettre que Thierry avait pris une longueur d'avance dans la réflexion.

« C'est parfaitement analysé, Thierry. Quant à sa participation à un assassinat, je ne vois pas ce qu'elle aurait eu à y gagner, elle le connaissait à peine. Écoute, on en reparle demain. Bonne soirée Thierry. Merci ».

La soirée était foutue depuis le moment où Franck avait allumé la télé. Il allait gamberger toute la nuit. C'était couru d'avance. Deborah se dit que, foutu pour foutu, elle allait s'intéresser un peu à cette enquête. Elle n'avait rien manqué des échanges de Franck avec M. Mangalou et avec Thierry. Elle réalisa qu'en dehors de ce qui avait été dit et écrit dans la presse, elle ne connaissait rien de cette affaire. En outre, l'irruption d'un médium avait grandement stimulé son intérêt.

21

DEBORAH

Deborah terminait ses études en psychologie quand elle fit la connaissance de Franck. À l'origine, elle se destinait à la psychiatrie mais, dès ses premières interventions à l'hôpital, elle avait renoncé. L'incommunicabilité inhérente à cet univers l'avait tout de suite rebutée. De plus, le praticien avait, dans ce contexte, un pouvoir exorbitant et malsain. C'était du moins son point de vue. Ça ne l'intéressait pas de se prendre pour un demi-dieu.

Elle n'a eu aucune difficulté à envisager de quitter Nice pour suivre Franck à La Réunion.

Depuis qu'elle s'occupe des névroses ordinaires de tout un chacun, sa vie professionnelle était pleinement satisfaisante. Elle se réjouissait chaque jour de son choix. Elle ne regrettait pas non plus d'avoir suivi Franck jusqu'ici ici. Son homme se montrait responsable, attentif et aimant ; et sa famille l'avait accueillie avec enthousiasme. Sa famille, à elle, était en métropole. Ses rendez-vous avec eux étaient fréquents, au minimum hebdomadaire : téléphone, Skype, Whatsapp ...

Avec Franck, elle s'était mise d'accord d'emblée. Ils iraient les voir tous les deux ans.

La Réunion aussi lui plaisait énormément, mais elle ne savait dire précisément pourquoi. Bien sûr, il y avait la carte postale que les métropolitains peuvent imaginer : le soleil, la mer, la montagne, les cascades, le volcan ... Parfois elle se disait que c'était certainement lié à son dynamisme culturel qui rayonnait dans tout l'Océan Indien. Parfois, elle pensait que c'était dû à la richesse et à la diversité de son art culinaire. Souvent, elle vantait ce pays fusion, où chaque communauté conservait ses racines profondes tout en bâtissant avec les autres communautés une identité partagée, autour de la langue créole.

Deborah était comblée et elle avait conscience de son bonheur.

Elle subissait bien, de temps à autre, la pression familiale et sociale habituelle, du genre : « Quand est-ce que vous nous donnez un petit-fils - » Mais elle savait tenir ses positions : ce n'était pas sa priorité ni celle de Franck. Six mois après leur installation dans l'île, elle avait ouvert son cabinet, le premier, à proximité du Jardin de l'État, dans un quartier agréable de Saint-Denis. Elle se souvient parfaitement de l'émotion indicible qu'elle ressentit au moment où elle accrocha son panonceau sur la porte : Deborah Richet, Psychothérapeute diplômée, Adultes et enfants. Sur RdV uniquement.

Franck était toujours assis dans le canapé. Il n'avait pas dit un mot depuis qu'il avait reposé le téléphone. À son attitude, Deborah devinait l'effervescence qui régnait dans son crâne. Elle décida alors de provoquer un break : « Chéri, je t'invite au restaurant. J'en ai envie. Cela me ferait plaisir ». Franck, surpris dans sa concentration, répondit machinalement : « Si ça te fait plaisir, Deb, ça me fait plaisir ».

À peine furent-ils installés sous la varangue du Reflet des Îles, que Deborah prit la direction de leurs échanges. Elle voulait à tout prix l'empêcher de cogiter seul.

Le Reflet des Îles était la cantine préférée de Franck. Depuis son ouverture et le succès immédiat qui s'en est suivi, leur notoriété n'avait cessé de croître. Et, malgré les tentatives répétées de la concurrence, les Dionysiens en avaient fait leur favori pour la cuisine locale. Tout en examinant la carte interminable, et de façon tout à fait anodine, Deborah s'adressa à Franck :

- Elle a quel âge, Madame Sidonie ?

- C'est une colle, mais je dirais entre soixante-cinq et ... soixante-quinze. Tu t'intéresses à cette enquête ?

Deborah savait que Franck était tenu au secret, aussi elle anticipa toute tentative de résistance de sa part.

- Ce que tu peux me dire est pour moi. Pour moi seule. Avoue quand même que c'est intrigant cette affaire de spiritisme.

En réalité, Franck était ravi de partager ses préoccupations du moment avec sa femme. Il le lui dit.

Il pourrait aussi lui faire part de ses états d'âme, ce qu'il ne s'autorisait pas avec ses subordonnés. Question d'autorité. Mais ça, il ne le lui dit pas. Elle n'avait pas besoin de ce genre de précision. Elle percevait d'instinct l'enjeu des situations. Elle avait cette intelligence.

- J'avais l'intention de demander à Max de me faire rapidement un dossier sur Sidonie. Même s'il est question de spiritisme, tu t'imagines bien qu'on ne peut pas se contenter des dires de cette madame Dijoux. Et si j'en juge au nombre de remerciements et de témoignages de satisfaction qu'elle a reçus dans sa chapelle, Madame Sidonie semble jouir d'une grande réputation. Mais bon, je t'en dirai plus quand Max aura terminé.

- Mais quand quelqu'un déclare qu'il a parlé à un mort, qu'est-ce que tu peux faire ?

- Tu as raison, il va nous falloir prendre tout ça avec beaucoup de doigté. Je te parie qu'on va avoir des recommandations en ce sens de la part des politiciens. Dès lors qu'il s'agit d'ésotérisme, d'occultisme, les gens sont enclins à la crainte. Et ça, les politiques n'aiment pas. Qu'est-ce que tu prends ? dit-il alors que la serveuse s'approchait.

- Je prendrais bien un cabri massalé, mais avec mon estomac de z'oreil … Je vais prendre un cari ti'jacques. Ça fait longtemps.

- Pour moi, ce sera du poulet au combava. Dites, vous pouvez nous faire deux rougails tomate ? Un pimenté et un sans. Tu veux du vin, Deb ? Pas d'alcool ! Alors une bière et de l'eau gazeuse. Et en attendant, quelques samoussas aux légumes aussi. Merci.

Deborah avait tout adopté sauf le piment, le margoze et les pipangailles. Franck poursuivit.

- Pour tout te dire, je suis dans le brouillard complet. Voilà un vagabond qui est mort par overdose, certainement par absorption forcée ; on lui trouve une bague de pacotille dans l'estomac ; on est certain que quelqu'un le recherchait dans les jours qui ont précédé sa mort ; on est aussi certain que quelqu'un est allé chez lui puis a transporté une charge lourde de sa cabane à une voiture et qu'il est ensuite revenu pour nettoyer l'habitation de fortune ; cette habitation de fortune appartient à Sidonie et elle se trouve à une trentaine de mètres de sa chapelle polythéiste… Et voilà que cette même Sidonie aurait organisé une cérémonie spirite et on apprend que deux informations, seulement connues des autorités, y auraient été dévoilées !

Franck avait débité sa tirade à voix basse, sur le ton de la confidence. Ce faisant, un détail lui sauta à la figure, comme une révélation. Cela dut se voir à l'expression que prit son visage.

« Franck, que se passe-t-il ? interrogea Deborah, inquiète.

- Tu as entendu comme moi, sur Antenne Réunion. Cette femme, elle a bien dit : « Qu'un homme l'avait forcé à avaler quelque chose, un petit objet.

- Oui. Quel est le problème ?

- Et bien ça, nous ne pouvions pas le savoir. On ne savait pas comment cette bague est arrivée dans l'estomac de Rodi. Tu comprends ce que cela veut dire !

- Je comprends que ça complique les choses. »

Deborah et Franck se turent à l'approche de la serveuse : « Voilà les samoussas aux légumes, bonne dégustation ».

Franck, absorbé par ce nouvel élément, poursuivit, ignorant complètement les délicieux friands végétariens qui venaient d'être servis.

« Cela complique un peu plus, tu peux le dire ! En même temps, ça réduit le champ des possibles et ça va me permettre de calmer la juge.

- Et pourquoi ? »

Franck marqua une pause en réalisant la présence des samoussas dans son assiette. Il en prit un avec ses doigts et croqua dedans avec gourmandise. Il semblait tout à coup dans de meilleures dispositions.

« Pour le champ des possibles, c'est juste une intuition, une conviction non étayée. Je creuserai ça plus tard. Pour ce qui est de la juge, il va falloir qu'elle nous explique comment une info qu'on n'avait pas a pu fuiter ! Bon Deb, à l'heure qu'il est, et en dehors de moi, tu en sais plus que quiconque sur l'avancée de l'enquête. Maintenant, parlons plutôt de ta journée. »

Deborah était satisfaite. Elle avait atteint son but. Celui de ne pas laisser Franck gamberger. De plus, elle avait l'impression d'avoir apporté une petite brique à l'édifice. Pour autant, elle ne comptait pas s'arrêter là. Maintenant que cette enquête commençait à la passionner !

22

SIDERANT ET TROUBLANT

Comme tout le monde, Max avait entendu Félicité Dijoux la veille sur Antenne Réunion. Il ne comprenait pas très bien qu'on puisse, sur une chaîne de cette importance, ouvrir le journal avec un sujet où il est question de mort qui parle ! Il avait encore en tête le malaise qu'il avait ressenti lors de leur visite, Franck et lui, à Madame Sidonie, une semaine plus tôt. Il se souvenait aussi des paroles de Franck sur le respect de la population pour les phénomènes paranormaux.Mais tout de même, il y a aujourd'hui des gens qui vendent en ligne des paroles sacrées, des procédures de désenvoûtement et des cours vous garantissant qu'en trois mois vous pouvez devenir médium ! Il ne s'agissait donc pas seulement de pouvoirs surnaturels mais aussi de business.

Max le Z'oreil se mit à explorer la toile pour se renseigner sur ce milieu étrange. Il commença par les mots-clés Médium, Occultisme, Spiritisme,

Désenvoûtement et, sans trop savoir pourquoi, il « googla » Sidonie. Et là, sa surprise fut de taille. Depuis 2002, un site, sidonie.com, lui était entièrement consacré. Réalisé et maintenu par un admirateur inconditionnel ayant BZB pour pseudonyme, le site a déjà reçu trois cent cinquante-sept mille deux cent douze visiteurs uniques de tous les pays francophones du globe.

Sur ce site, on trouve toutes sortes d'informations : une biographie résumée de Madame Sidonie, des conseils pour éviter de tenter le Malin, les jours et horaires conseillés pour les prières, les lectures recommandées, le catalogue de prix des onguents et tisanes qu'elle confectionne, les tarifs pour un désenvoûtement ou un contact avec un défunt proche … De toutes les rubriques de sidonie.com, il y en a une qui l'intéressa vraiment. Au début de l'année 2000, Sidonie avait été créditée d'un miracle après un rituel de désenvoûtement. L'essentiel de cette cérémonie, célébrée en décembre 1999, avait été filmé, à son insu affirma-t-elle quand, quelques années plus tard, le film a été diffusé sur la toile puis s'est ensuite retrouvé opportunément sur sidonie.com.

Lors de son visionnage, Max comprit ce que voulait dire Franck : « Ici, on respecte, et on a peur des gens comme elle. Il y en a qui sont prêts à payer cher pour un désenvoûtement ou pour reprendre contact avec un proche défunt ». Il comprit également ce qui justifiait les innombrables visites du site.

C'était absolument sidérant et troublant. Après la diffusion de la vidéo, BZB a établi le compte-rendu suivant.

23

LE MIRACLE DE SIDONIE

Après plusieurs consultations, le docteur Fareyol n'y comprenait toujours rien. Il dut se résoudre à faire appel à d'autres confrères. Que pouvait donc bien avoir ce patient ? Ils avaient tout tenté pour déterminer de quel mal souffrait l'homme. Toutes les analyses s'étaient avérées négatives. Selon eux, il n'avait rien, du point de vue médical ! Ils avaient pourtant pu constater par eux-mêmes les dires de l'individu, qui affirmait par ailleurs être en permanence l'objet de vertiges, de maux de tête et de vomissements.

Pendant une consultation collégiale, ils virent en effet se former à différents endroits du corps de cet homme, un certain Marius, des excroissances « vivantes ». Chacune de ces boules de chair semblait avoir une vie propre. Ils ressemblaient à des cœurs qui battaient, mais à des fréquences différentes ! Lorsque cela se produisit, l'homme fut pris d'un tremblement incontrôlable. Son visage se mit à ruisseler et ses yeux ont paru sortir de leur orbite. Cela dura une trentaine de secondes tout au plus, puis tout redevint normal.

Ces praticiens expérimentés, épouvantés par ce qu'ils avaient vu, finirent par se déclarer incompétents. Ils avaient affaire, avouèrent-ils, à l'un de ces cas pour lesquels la science officielle est encore impuissante. Ils avaient insisté sur le « encore », persuadés que rien en ce monde ne pouvait échapper à l'intelligence supérieure de l'Homme, à la recherche médicale et à l'analyse rationnelle. Ce n'est qu'une question de temps pensaient-ils sincèrement. À contrecœur, ils recommandèrent à Marius de consulter Madame Sidonie qui avait déjà une belle réputation de guérisseuse. « Vous aurez tout essayé, mais vous savez ce que nous pensons des tisaneurs », tentèrent-ils de se justifier.

Quand elle rencontra Marius pour la première fois, Sidonie sut immédiatement que ses plantes seraient elles aussi inopérantes. Elle le ressentit dans tout son être. Elle avait déjà connu cette sensation. Seul le Malin était capable de cela. Elle sentait sa présence et sa force immense. Il cherchait à la défier. Et cette puissance gigantesque émanait de ce petit homme d'apparence fragile !

Soudain, Sidonie fut prise d'un malaise incompréhensible. Ses forces semblaient la quitter. Elle se sentit vidée de toute énergie et cela cessa lorsqu'elle se fut éloignée de Marius. Elle comprit qu'elle avait affaire à un adversaire hors norme et elle décida de réunir au plus vite toutes les énergies disponibles. Elle convoqua alors tous ses « fidèles ».

Après qu'il fut lavé dans un bain d'eau bénite, Marius fut installé, entièrement nu, sur une sorte de table de massage. L'assemblée des fidèles fut priée de former un cercle autour de celle-ci.

Sidonie avait distribué à chacun, une bougie allumée ainsi qu'une feuille sur laquelle elle avait rédigé, en créole, une prière et des incantations. Il y était précisé, que cette prière devait être répétée autant de fois que nécessaire, durant le temps où elle appliquerait un onguent de sa préparation sur le corps de Marius, et qu'ils auraient à reprendre, après elle, les incantations.

Tandis que la cinquantaine de femmes et d'hommes psalmodiaient continûment leur supplication, Sidonie étalait minutieusement sur la peau de Marius un liquide visqueux et noirâtre qui se confondait au décor.

Seigneur Miséricordieux, où que tu sois à présent, nous savons la beauté de ton âme et la compassion qui t'anime. Aide-nous, Seigneur, à chasser le Malin de ce malheureux.

Sidonie avait commencé par la plante des pieds de Marius et, au fur et à mesure, lorsqu'elle arriva au niveau de ses genoux, il manifesta des convulsions lentes qui se transformèrent, petit à petit, en soubresauts.

Parfois, son corps se raidissait brusquement, s'arc-boutant et paraissant en suspension pendant quelques secondes. Cette contorsion d'acrobate s'accompagnait d'une érection naissante. Puis Marius retombait lourdement sur la couche et son érection retombait avec lui. De la bave et des éructations agressives et soudaines sortaient de sa bouche. Il était impossible de définir de quelle langue il s'agissait. Cependant, un mot revenait souvent : Belzébuth, Belzébuth. Sidonie dut faire appel à un, puis à deux fidèles de forte corpulence pour le maintenir afin qu'elle puisse terminer le badigeonnage complet de Marius.

Seigneur Miséricordieux, où que tu sois à présent, nous savons la beauté de ton âme et la compassion qui t'anime. Aide-nous, Seigneur, à chasser le Malin de ce malheureux.

La litanie résonnait de plus en plus fort. L'intensité de l'émotion collective pouvait se lire sur chaque visage, se ressentir dans chaque regard. L'assemblée des fidèles était entrée dans un état de transe. Seule Sidonie paraissait protégée de l'exaltation extrême qui régnait autour d'elle. Lorsqu'elle eut terminé avec sa chevelure, elle se saisit d'un crucifix en ivoire et d'une patte de papangue séchée qu'elle brandit au-dessus du corps de Marius ; elle commença à déclamer :

Sors de ce corps Lucifer. Je te l'ordonne. D'où que tu viennes, retournes-y en paix. Vade retro Satanas.

L'assemblée répétait alors :

Sors de ce corps Lucifer. Je te l'ordonne. D'où que tu viennes, retournes-y en paix. Vade retro Satanas.

Après neuf de ces incantations, le corps de Marius commença à s'apaiser. Les tressaillements se muèrent en agitations de plus en plus espacées. Ce ne fut qu'au bout de la vingt et unième fois que Sidonie s'arrêta.

Alors, elle se retourna lentement vers l'assemblée,

épuisée et soulagée, et elle dit simplement : nous l'avons vaincu.

Une grande partie des fidèles répétèrent mécaniquement : nous l'avons vaincu. Des larmes s'écoulaient de leurs yeux. Marius était, lui, inerte et paisible. Il resta ainsi pendant trois jours et trois nuits ; puis, soudain, il sortit de son état comateux et alla clamer partout qu'il était un survivant, un miraculé.

Max était tout tourneboulé par ce qu'il venait de voir et de lire. Le compte-rendu de BZB traduisait fidèlement le déroulement de la cérémonie.

Il alla se préparer un café puis il revint s'installer devant son ordinateur. Il avait décidé de rechercher si des opinions défavorables avaient été exprimées sur ce phénomène attribué à Sidonie. Ce qu'il trouva, c'est-à-dire peu de choses, le surprit à peine.

L'évêché et le corps médical dans sa presque totalité firent montre d'une grande discrétion. Surtout l'évêché qui avait dû, à une autre époque, reconnaître les pouvoirs surnaturels d'une exorciste d'origine mahoraise. Et cela lui en avait coûté.

Une autre explication émergea d'un groupe de métropolitains et de réunionnais, influencés par les déclarations de Paco Rabanne qui affirmait alors que le changement de siècle allait provoquer des évènements dont l'Homme n'avait pas conscience. Pour eux, c'est le passage à l'an 2000 qui était la cause de la guérison de

Marius, guérison qui s'était produite en décembre 1999 !

24

LA PREDICTION DE FRANCK

Max avait les yeux rivés à son écran, l'air visiblement accablé. Thierry n'allait sans doute pas tarder. Franck avait pu trouver le sommeil sans trop de difficultés.

- Quelque chose ne va pas, Max ?

- Il y a, Franck, que j'avais raison d'avoir les jetons. Cette Sidonie, ce n'est pas croyable ! Regarde ça si tu as une demi-heure.

- Non pas tout de suite. Dis-moi juste l'essentiel.

- On lui a attribué un miracle il y a quatorze ans. L'Église n'a pas bronché.

- Merci Max. On en reparle dans la journée.

Il eut juste le temps de s'installer quand le téléphone sonna : « Bonjour Lieutenant. On se voit à neuf heures et demie dans mon bureau ».

Franck eut un sourire. Il s'était à peine trompé : la

juge le convoquait mais elle y mettait les formes. Cela ne présageait rien de bon.

Blandine Béjot était avec Salomé Anicette : « On ne peut vraiment faire confiance en personne. J'avais pourtant insisté ».

Elle tournait le dos à Franck qui attendait patiemment la fin de l'échange. Franck se marrait doucement. La juge était en train de se planter et il se préparait à prendre l'avantage avant même qu'elle puisse s'adresser à lui. Il l'interpella au moment où elle tendit le bras pour reposer le combiné du téléphone.

- Vous savez Madame la juge, il y a deux personnes qui ne pouvaient pas donner ces infos, ce sont le légiste et Thierry Sautron. Surtout Salomé Anicette.

- Comment ça ?

- Nous avons eu connaissance du refuge de Rodi Mangalou le 22 octobre or, la légiste n'est plus dans l'enquête depuis le 18. A moins qu'elle téléphone chaque jour pour suivre son évolution ou qu'elle entretienne une relation privilégiée avec l'un d'entre nous …

- Bon j'ai compris, répliqua-t-elle en le coupant sèchement. Donnez-moi une explication valable alors.

- C'est à dire que c'est plus compliqué qu'il n'y paraît. Tout d'abord, il y a cette affirmation concernant la façon dont la bague est arrivée dans l'estomac de Rodi Mangalou. Madame Sidonie semble plus informée que nous sur ce point. Et puis, si vous prenez connaissance du site sidonie.com, vous saurez que cette personne a été créditée d'un miracle il y a quinze ans. Bien sûr, les miracles peuvent difficilement être apportés au dossier mais c'est vous qui voyez.

Franck lui dit cela de façon égale, sans persifler ouvertement mais, au fond de lui, il éprouvait comme une petite satisfaction puérile mais jouissive. Blandine Béjot n'avait pas dû lire L'art de la Guerre deSun Tzu : « ne jamais s'engager dans un combat que l'on n'est pas sûr de gagner ».

Elle était coutumière du fait et devait souvent s'excuser piteusement. Elle laissait parfois entendre que dans un monde d'hommes il lui fallait avoir des couilles. Un jour, Franck se retint de lui rétorquer : « Ah ! vous voulez avoir la plus grosse ». Deborah, qui l'avait quelquefois rencontrée, et sans doute par déformation professionnelle, pensait qu'elle avait en elle une blessure, une fragilité. Et cela s'exprimait par une agressivité excessive et incontrôlée !

La juge eut un moment de flottement. Franck supputa qu'elle hésitait entre persister dans cette voie ou bien faire profil bas. Ce ne fut ni l'un ni l'autre. Elle changea tout simplement de direction, comme si elle ne l'avait jamais convoqué concernant l'info d'Antenne Réunion.

- Vous avez des pistes plausibles ?

Franck fit mine de ne pas s'étonner de ce revirement soudain. Il n'a rien entendu. Elle n'a jamais exigé d'explication valable.

- Madame Sidonie vient de créer une situation

nouvelle qui va nous obliger à vérifier son éventuelle implication. Vous savez aussi qu'il y a cet homme qui a vraisemblablement déplacé le corps et que nous cherchons à identifier. Bref, nous sommes dans la mélasse.

- Tenez-moi au courant. Au fait, vous avez dit comment pour le site internet ?

- Sidonie.com

- Bien lieutenant. À demain.

Franck ne profita pas longtemps de son petit plaisir. Dès qu'il fut hors du bureau de la juge, les idées recommencèrent à se bousculer dans sa tête. Entre un inconnu karana et une exorciste reconnue qui affirme qu'elle a parlé à Rodi, il ne savait plus trop par quel bout il fallait prendre le problème.

Évidemment, Sidonie, elle est bien là. Elle existe et on peut lui parler. On peut même fouiller dans sa vie. C'est ce qu'on va faire d'ailleurs. Mais l'autre, le touriste ... En évoquant le mot « touriste », une image vint à Franck. Il venait de faire un rapprochement improbable avec les pneus de la voiture de Bras-Pistolet. Le commandant Técher avait bien dit que les empreintes des pneus révélaient que ceux-ci étaient neufs, or le parc automobile des compagnies de location est constitué en grande majorité de véhicules récents. Et si le touriste avait loué une voiture ?

Franck était conscient que son raisonnement pouvait relever d'un subterfuge destiné à lui redonner de l'espoir. Néanmoins, en entrant dans le bâtiment de la Brigade de Recherches, il prit la décision de faire vérifier cette possibilité.

Thierry et Max étaient en pleine discussion sur les pratiques occultes à La Réunion. Thierry, qui est né à l'Étang-Salé où a vécu Madame Visnelda, tentait de convaincre Max de la réalité des dons divinatoires chez certaines personnes. Sans cacher le malaise qu'il éprouvait toujours, Max pensait, lui, que malgré ce qu'il avait vu et lu, il y avait sans doute une arnaque derrière tout ça. Franck coupa court à leurs échanges et leur demanda de le rejoindre dans son bureau.

- Bon les gars, le problème ce n'est pas de savoir si on y croit ou pas. OK. Tu as fait l'enquête de proximité Thierry ?

- On a parlé d'autres choses que de spiritisme Franck. On aimerait t'en parler avant si tu es d'accord.

- Allez-y si vous pensez que ça en vaut la peine.

- Voilà. On a essayé d'imaginer ce que ferait un touriste lambda en arrivant ici et, la première chose qui est apparue dans notre liste, c'est la voiture. C'est indispensable ici, tu le sais. Alors, soit on lui en prête une, soit il la loue. Et là on a pensé à ce que nous a dit le commandant Técher ...

- ... que les pneus de la voiture étaient neufs et que donc, vous en êtes arrivés à la conclusion que ce pouvait être une voiture de location.

Franck avait terminé la phrase de Thierry et il ajouta, sous le regard ébahi de ses subordonnés : « Je viens de vous prouver que les dons divinatoires existent bien ».

- Ne fais pas cette tête, Max. Je plaisante. J'ai

apparemment eu le même cheminement que vous et j'ai abouti au même résultat. C'est tout.

Franck avait constaté, et il s'en réjouissait, que de plus en plus, Thierry et Max prenaient plaisir à travailler ensemble. Ils ne se contentaient pas de suivre ses instructions, ils se comportaient l'un et l'autre comme de vrais « bras droits ».

- Thierry, tu prends contact avec toutes les compagnies présentes aux aéroports de Saint-Denis et de Saint-Pierre. Il faut récupérer tous les dossiers de location des individus mâles de 25 à 50 ans pour les véhicules qui ont été pris en charge à partir du 15 septembre et restitués à partir du 13 octobre. Tu élimines bien sûr ceux qui ont pris un véhicule non équipé de Bridgestone B250 165/65 R15 81T. Pour les autres, tu fais immobiliser les véhicules et interdiction d'y toucher pendant quarante-huit heures.

Max, d'abord tu vas me montrer ce qu'il y a sur sidonie.com puis, je voudrais que tu me fasses un dossier sur Madame Sidonie. Tout ce qui peut s'imaginer : le basique : comptes en banque, téléphone … ça, tu connais. Je veux aussi connaître son mode de vie, qui elle fréquente, son train de vie, son patrimoine, ses revenus, ses dettes, sa situation fiscale … La totale. Je veux une discrétion absolue sur ces recherches.

Thierry, tu peux nous parler de l'enquête de proximité à Bras-Pistolet.

- Ça a été vite fait. Dans le hameau à côté, il y a seulement cinq maisons. Madame Fruteau a parlé à un type qui voulait faire des photos chez Sidonie. D'après sa description, ce pourrait être notre homme.

25

BREAKTREK

Franck avait passé un bon week-end. Avec Deborah, ils avaient fait une grande marche dans le cirque de Salazie. C'est en découvrant un poème intitulé Anchaine que Deborah avait eu envie de faire cette randonnée. Déjà, quand ils étaient en métropole, ils avaient coutume de partir dans l'arrière-pays niçois pour de longs treks. Ils appelaient ça leurs BreakTrek : interdiction d'évoquer ou de parler de travail. C'est aussi Deborah qui lui avait appris à apprécier ces efforts soutenus, souvent effectués dans un quasi recueillement, absorbé par la beauté des paysages environnants.

Ils étaient partis du Relais des Cîmes où ils avaient passé la nuit puis ils s'étaient engagés dans le sentier tout proche en passant devant les anciens thermes en direction d'îlet à Vidot. Des sentiers étroits, en pente douce, les avaient conduits jusqu'à la passerelle de la rivière du Mât et, tout de suite après, avant d'atteindre le GRR1, ils avaient traversé un immense champ de chouchous. Puis, ils avaient emprunté un chemin bordé de pestes végétales, le succulent goyavier, marquant le début de la montée vers le piton d'Anchaing, à proximité de Grand-Îlet. Deux heures de rude escalade au milieu d'une végétation dense laissant de temps à autre entrevoir des panoramas grandioses, en s'accrochant aux nombreuses racines qui encombrent le sentier et enfin le « nid d'aigle », plateau étroit à 1356 mètres d'altitude offrant une vision à 360° sur tout le cirque.

Franck n'était jamais déçu par ces BreakTrek. À chaque fois, il se faisait la réflexion : « C'est ce qu'on appelle se laver la tête ! » Débarrassé de ses toxines, il avait la sensation d'un nouveau départ, d'une nouvelle enquête.

Max et Thierry avaient leur programme de travail pour au moins trois jours. Franck avait prévu de récapituler la situation sous forme d'un schéma qu'il avait appris à réaliser au CNPJ de Fontainebleau. Habituellement, il n'a pas besoin de faire cet exercice mais comme rien ne ressortait d'évidence ...

Il commença donc par établir la liste de toutes les personnes concernées d'une façon ou d'une autre par l'affaire. Pour chacun des noms, il attribua une note aux quatre critères selon un barème prédéfini et des poids respectifs attribués à ces critères : P, la proximité physique ou affective avec la victime : de 1 à 8 points, poids : 3 ;M, le mobile : de 1 à 8 points, poids : 5 ; MO, le mode opératoire : de 1 à 8, poids: 4 ; et A, l'alibi : de 1 à 8, poids 5.

Une fois les calculs réalisés, il plaça les noms sur des cercles concentriques en fonction du score de chacun. Plus le score est élevé, plus on se rapproche du centre, plus on devient suspect. Il savait que cela n'avait rien de scientifique. Surtout si la manière de faire est hors norme ou si les pistes sont tellement brouillées que les critères sont insuffisants. Et puis, il y a l'aspect humain, le « scoreur » notant certains critères selon son seul ressenti. Toutefois, Franck ne fut pas déçu. Le résultat était intéressant à bien des égards.

102 – L. Hoarau (P:5, M:8, MO:8, A:3)

64 - S et D.Patel (P:5, M:8, MO:1, A:1)

59 - J. Hoarau (P:5, M:8, MO:1, A:?)

57 - J. Virapoullé (P:5, M:2, MO:8, A:?)

49 - M. Mangalou (P:8, M:1, MO:4, A:?)

45 - Noni (P:6, M:3, MO:3, A:?)

40 - Sidonie (P:7, M:3, MO:1, A:?)

Tout d'abord, les deux premiers suspects potentiels, Laurentin Hoarau et les Patel ont des alibis, ce qui lui pose évidemment un gros problème ; ensuite, Jeannette Hoarau apparaît comme suspecte alors qu'elle échappait jusqu'à présent à l'analyse ; et enfin, Madame Sidonie, qui semble en savoir beaucoup, est celle qui est la plus éloignée du centre ! Il met également en évidence l'absence d'information sur les alibis de 5 des 7 personnes.

Franck se promit de combler cette lacune rapidement car cela pourrait bouleverser son classement.

Il réexamina ensuite les cas de Jeannette et de Laurentin Hoarau. La raison qui l'avait poussé à donner à Madame Hoarau la note maximale au critère du mobile relevait certes d'une spéculation mais, est-il impossible qu'une mère esseulée cherche à créer les conditions pour que son fils revienne chez lui, chez elle ? Elle était malheureuse de son éloignement et ne s'en cachait d'ailleurs pas. N'a-t-elle pas dit, lors de leur rencontre au Mercure Creolia : « Peut-être que maintenant, il pourra envisager de revenir ici ? »

Elle pourrait aussi être complice de son fils. Ce serait bien sûr une pure folie pour Laurentin que d'impliquer sa mère. Il sait bien, en tant que flic, le risque qu'il lui ferait prendre. Il faut être sérieusement aguerri pour pouvoir résister à la pression des enquêteurs ! Dès que Max en aura fini avec le dossier de Madame Sidonie, il devra faire de même pour Jeannette Hoarau. On doit savoir ce qu'il en est.

Franck savait que le mode opératoire posait un problème aussi bien pour les Patel que pour Jeannette Hoarau ou Madame Sidonie. Auraient-ils pu commanditer le crime ? Payer un tueur à gages venu d'ailleurs ? Mais ça coûte beaucoup d'argent ! Or l'examen des comptes des Patel exclut cette possibilité. Et la mère de Laurentin : avec son salaire de comptable ? Elle aurait pu économiser, peut-être.

Laurentin lui-même, peut avoir voulu se venger et payer un porte-flingue. Mais alors, pourquoi avoir attendu neuf années ? Pourquoi prendre ce risque aujourd'hui ? Pourquoi avoir fait carrière dans la police ? Malgré cela, sur le critère du mode opératoire, Franck lui attribua la note maximale car, dans l'absolu, un flic entraîné est capable de porter une charge lourde, un corps, sur cent cinquante mètres. Pour son alibi, Franck réalisa qu'il n'avait que la parole de sa mère et qu'il ne pouvait pas lui attribuer la note minimale.

Il allait présenter le résultat à Blandine Béjot dès le lendemain. À ce stade il pensait que ce serait également un bon support pour partager ses idées sur l'enquête et l'orientation qu'il voulait lui donner. Il faudra qu'il lui explique que le placement d'un nom sur les cercles peut évoluer selon la progression de l'enquête et les informations nouvelles recueillies.

Il comptait lui dire qu'il convoquerait Madame Sidonie et Madame Hoarau seulement après l'examen des dossiers qu'ils constituaient sur elles. Que ce serait plus fructueux. Il comptait aussi lui demander si elle était favorable à la convocation de Laurentin. Qu'ils pourraient l'interroger ensemble, par visioconférence. Mais, sur ce dernier point, il ne se faisait pas trop d'illusions.

Voilà où en était l'enquête en ce début novembre 2014.

Comme il s'y attendait, la juge fut inflexible : « On pourra interroger Laurentin Hoarau quand on aura des preuves de son implication. Avant ça, c'est inutile d'en reparler. Vous avez bien compris, lieutenant ».

Franck ne pouvait pas être insensible aux arguments de Blandine Béjot : « Vous voulez une guerre gendarmerie-police ? » ou encore, « Je suis moi-même OPJ, je ne vais pas interroger officiellement un autre OPJ sans biscuit ».

Il était tout de même satisfait. Blandine Béjot avait été bluffée par son schéma et les enseignements qu'on pouvait en tirer. A un ou deux détails près (il faut bien marquer son autorité !), elle adhérait complètement aux actions engagées.

Elle lui fit également part de son sentiment concernant ce qu'elle avait vu sur le site sidonie.com et, pas du tout impressionnée, elle exigea de participer à son interrogatoire.

26

NASSUMA TOÏHIRI

Thierry et Max étaient tout excités. Ils avaient enfin l'impression que les choses pourraient se débloquer et ils espéraient que Franck partagerait avec eux ce sentiment. D'un commun accord, ils avaient fait l'impasse sur le petit-déjeuner du mercredi mais cela en valait la peine !

Max avait dû ruser pour l'obtention de renseignements sur Madame Sidonie. Tout d'abord, il utilisa son patronyme d'état-civil, Nassuma Toïhiri. Il ne mentionna jamais celui de Sidonie qui était en quelque sorte son nom de scène. Le seul qu'on lui connaisse dans l'île. Un nom comme en voit sur les cartes de visite glissées dans nos boîtes à lettres : « Monsieur Boubacar résout tous vos problèmes : amour, argent, santé. Résultats garantis ».

Ensuite, il fit le plus souvent possible appel à ses connaissances dans les différents services de l'État. Et, lorsqu'il devait s'adresser à des institutions privées, il usait sans retenue de l'exigence qu'il y avait de garder le secret de l'instruction, pour tenter de limiter les fuites. Le plus facile somme toute aura été de connaître qui elle fréquente, son mode et son train de vie.

Le dossier qu'il confectionna était assez dense. Heureusement pour Franck, Max avait effectué un résumé des informations essentielles à retenir de ses investigations.

Nom, prénom : Toïhiri Nassuma ; Pseudonyme : Sidonie, née le : 24 décembre 1942 à Mutsamudu, Anjouan-Comores, nationalité : française, résidente réunionnaise depuis 1967, profession : guérisseuse, adresse : 54 rue de la Cocoteraie, à Saint-André. Exerce son métier à Impasse des Jacarandas à Bras-Pistolet, situation familiale : célibataire sans enfant.

Patrimoine immobilier : propriétaire de sa résidence principale plutôt modeste et de son lieu de travail. Également propriétaire de trois maisons et de deux appartements situés à Saint-Pierre et à Saint-Gilles. Ils sont tous loués. Leur valeur est estimée de 1.725.000 euros. Deux d'entre eux, d'une valeur totale de 825.000 euros ont été obtenus en 2001 par legs universels. Les trois autres ont été acquis dans le cadre de la Loi Scellier. Autrement dit, ils bénéficient d'avantages fiscaux significatifs. Banque : un seul compte. Les revenus locatifs importants, hors fiscalité, sont en grande partie retirés dès leur réception. Peu de dépôts. Des sommes modestes. Le solde au 3 novembre est de 3.587 euros. Pas de coffre. Revenus professionnels : aucun. Tout est déclaré en frais. Pas de bénéfice. Dette : aucune.

Placements, Assurances-vie, épargne : Néant

Situation fiscale : Imposition sur le foncier et sur les revenus locatifs. C'est le fisc qui lui doit de l'argent ! Vie familiale/sociale : Des relations régulières avec deux femmes, mesdames Grondin et Séry. Pas de famille connue ici. Pas d'homme connu. Pas de téléphone portable, pas d'internet. Mode de vie/train de vie : simple, sans ostentation. Pas de voyage. Pas de voiture. Pas de fête. Pas de personnel.

- Qu'est-ce que tu en penses toi de ça, Max ?

- Apparemment, elle a gagné pas mal d'argent entre 2000 et 2007. Est-ce l'effet miracle de 2000 ? Et après, ça semble se tarir ou alors elle se fait payer en liquide. Les legs, c'est à vérifier, mais ce pourrait être en remerciements d'autres « miracles ». Ce qui est certain, c'est que les rentrées officielles issues de revenus professionnels sont déclarées en frais, mais ça reste marginal au regard de ce qu'elle a gagné auparavant. Il faudra qu'elle l'explique. Et puis, ces sorties systématiques, en liquide, de l'argent provenant des locations ! Pour aller où, comment ? Dans tous les cas, elle ne vit pas à la hauteur de ses moyens.

- Ça, plus son alibi pour le 11 octobre et sa séance de spiritisme. Je crois qu'on a suffisamment de matière pour la convoquer dès demain. Super travail Max. Tu fais les mêmes recherches sur Madame Hoarau.

- Et du côté des locations de voiture Thierry ?

- J'ai recensé six compagnies de location. Seules deux d'entre-elles ont des véhicules équipés de Bridgestone B250 165/65 R15 81T. Après avoir écarté les clients sortant de la tranche d'âge et les femmes seules, il en reste 17 que j'ai classé en priorité par : hommes seuls : 6, couples : 9, étrangers : 2.

J'ai ici les documents qu'ils ont signés et les photocopies de leurs permis de conduire. Ils ont tous réglé par carte de crédit sauf deux personnes, dont un étranger, qui ont payé en liquide. Parmi les hommes seuls, il y en a un qui pourrait correspondre à notre homme. Il est arrivé dans l'île le 3 octobre en provenance de Marseille, a loué la voiture le même jour, l'a restituée le 13 octobre puis a repris l'avion. Il a payé en cash. En examinant la photo de son permis, même si celle-ci est de qualité moyenne, je crois qu'il a tout à fait le type karana. C'est d'ailleurs le seul du lot. Il s'appelle Mehdi Ferouane de nationalité française. Âgé de 37 ans. Brun. Barbe et moustache.

Franck écoutait attentivement. Il ne disait rien mais on voyait bien qu'il jubilait. Contrairement à son habitude, il ne prit pas le temps d'élaborer un plan d'actions. Il savait exactement ce qu'il fallait faire.

- Ok, Thierry. Tu prends les dix-sept permis, tu masques les noms et tu vas tout de suite les montrer à Jocelyn Virapoullé, au témoin de Bras-Pistolet avec qui notre homme a discuté et au SDF, copain de Rodi. Si un individu est identifié par deux des trois témoins, tu fais mettre le véhicule concerné sous scellés et tu demandes à la scientifique d'examiner les pneus, pour s'assurer qu'il y a concordance d'empreinte, mais aussi le GPS s'il a été utilisé. Je veux connaître les trajets effectués pendant toute la durée de la location. Et on passe l'habitacle et le coffre au scanner : empreintes, ADN, débris ...tu vois aussi pour les alibis de Jocelyn

Virapoullé, du SDF et de Marcellin Mangalou. De mon côté, je vais à la recherche d'information sur Mehdi Ferouane. J'organise aussi l'interrogatoire de Madame Sidonie avec la juge Blandine Béjot.

27

L'AUDITION DE SIDONIE

Quand le gendarme lui remit sa convocation pour un entretien avec la juge et le lieutenant, Sidonie eut un sourire entendu. Comme si elle s'y attendait. Elle donnait même l'impression que cela lui faisait plaisir. Elle fit aussitôt prévenir Félicité, Lisette et Bienaimé pour les informer d'une convocation possible. « Ce sera une formalité », prédit elle.

Blandine Béjot et Franck Law avaient pour la circonstance revêtu leurs tenues d'apparat bien que ce ne fut point d'usage pour un interrogatoire. Elle, en robe noire à grandes manches, cravate blanche plissée, simarre de soie et épitoge de fourrure blanche. Lui porte la vareuse sur une chemise blanche à manches courtes arborant le pin's du brevet métallique d'OPJGD. Il avait ostensiblement posé son képi à côté de lui. Ils pensaient ainsi créer une solennité nécessaire face à ce personnage hors du commun qui allait sans doute tenter de les entraîner dans un registre insaisissable, ésotérique.

Ensuite, ils rapprochèrent les sièges de manière à ce que Sidonie éprouvât la sensation d'être prise en étau entre eux deux et la greffière. Ils voulaient d'emblée installer un climat de tension. Que Sidonie sente que le bras de la justice était prêt à s'abattre sur elle ! Ils la firent poireauter plus de trente-cinq minutes dans le vestibule afin de pouvoir l'observer avant de la recevoir. À aucun moment, elle ne manifesta de signe d'impatience ou d'inquiétude. Elle se tenait bien droite, un cabas accroché à son bras. Inexpressive. Presque indifférente.

Quand Sidonie pénétra dans le bureau de Blandine Béjot, il y eut en effet un climat de tension immédiat, mais … dans le camp des autorités ! Sidonie répondit aux salutations de Franck Law mais elle ignora superbement la juge et sa greffière. Elle s'installa dans le fauteuil qu'on lui indiqua puis elle attendit, muette, en scrutant les ornements du bureau. Dans son champ de vision, de l'autre côté du bureau de la juge, un tableau représente une scène de justice ordinaire et, en filigrane, la balance de Thémis, symbole de cette justice. Sous le tableau, une plaque dorée porte l'inscription 1791, année officielle de la création du premier Code Pénal.

Blandine Béjot fut prise de court. Elle n'avait jamais fait face à une telle situation. Habituellement, celles et ceux qui entrent dans son bureau se comportent de façon plutôt obséquieuse, souvent aplaventriste. Et là, cette petite femme à la tête chenue vient lui signifier qu'à ses yeux elle n'est rien ! Qu'est-ce qu'elle croit ? Que son « miracle » va me faire peur. Mais que pouvait-elle faire sinon attendre le bon moment pour lui rabattre le caquet ?

Sidonie se comportait en effet comme quelqu'un d'intouchable, d'invulnérable. Depuis fort longtemps, elle vivait protégée, auréolée de ses dons supposés. Qui s'attaquerait à elle s'attaquerait à des centaines de milliers de supporters ! Qui oserait faire cela ? Qui oserait se confronter à une faiseuse de miracles, à un médium qui parle aux morts ? Sidonie était prête à faire face. Sans crainte aucune.

La juge fit discrètement signe à Franck de commencer. Celui-ci savait que, dans le cas présent, il ne pourrait la « jouer » façon Jacques Chancel. Sidonie avait une longueur d'avance sur eux. Elle ne pouvait pas être traitée avec les égards dus à un témoin lambda. Surtout qu'elle n'avait pas pris soin de les informer de ses connaissances de l'affaire.

- Madame Toïhiri. C'est bien votre vrai nom, n'est-ce pas ?

- Oui lieutenant.

- Ce que nous allons nous dire, Madame, va être consigné. Il est important de comprendre qu'il s'agit d'un entretien officiel et que vos réponses doivent être sincères et donc correspondre à l'exacte vérité.

- Oui lieutenant.

- Madame, comme tout le monde nous avons vu

l'interview de Félicité Dijoux. Est-ce que vous nous confirmez ce qu'elle a déclaré ?

- Oui lieutenant.

- Pouvez-vous nous dire pourquoi vous ne nous avez pas alerté vous-même ? Vous comprenez qu'il s'agit d'une information capitale dans une enquête criminelle.

- Que ce soit elle ou moi, quelle différence ?

- La différence, c'est que c'est vous qui avez organisé la séance de spiritisme. C'est bien vous, n'est-ce pas ?

- Oui.

- Étiez-vous proche de Rodi, Madame Toïhiri ?

- Non, lieutenant.

- D'habitude, ce sont les proches qui vous sollicitent pour établir un contact. C'est bien ça.

- Oui.

- Comment expliquez-vous que, dans le cas de Rodi, vous ayez pris cette initiative seule ?

- Vous avez bien dit « d'habitude ». Il y a aussi des cas, rares, où des forces inconnues, irrépressibles, vous poussent à réaliser des choses que vous n'aviez pas envisagé de faire. C'est ce qui s'est passé pour Rodi.

Franck ignora la réponse de Sidonie.

- Je peux savoir où vous étiez entre 19h et minuit les soirs des 11 et 12 octobre.

- Bien sûr, lieutenant. J'étais à Bras-Pistolet le 11 et

chez moi le 12.

- Vous étiez à Bras-Pistolet le soir où Rodi a été tué !

- Ah bon ! Je ne savais pas qu'il avait été tué ce jour-là.

Sidonie venait de marquer un point, mais Franck fit comme si de rien n'était. La date de la mort de Rodi n'avait pas été communiquée de façon précise à la presse !

- Il vous arrive souvent de passer la nuit à Bras-Pistolet ?

- Non lieutenant. Seulement quand je ressens beaucoup de fatigue et que je m'endors. Je vieillis, vous savez.

Franck restait imperturbable. Il voyait bien que Sidonie avait préparé ses réponses, qu'elle ne donnait jamais prise. Blandine Béjot, elle, avait du mal à se contenir pour ne pas exploser. La vieille se foutait de leur gueule. Elle les menait en bateau.

- Donc, vous vous êtes endormie le soir du 11 octobre. Vous avez une idée de l'heure où le sommeil vous a rattrapé ?

- Ça ne s'est pas passé comme ça, lieutenant. Il était dix-sept heures, dix-sept heures trente. J'avais juste décidé de me reposer un peu. Lorsque je me suis réveillée, il devait être vingt-deux heures trente. Quelque chose comme ça.

- Et vous n'avez pas entendu ou vu quelque chose d'anormal chez Rodi ?

- Non, lieutenant.

- Vous m'avez dit que vous utilisiez le datura pour vos cérémonies. Est-ce que vous en avez utilisé quand vous avez eu ce contact avec Rodi ?

- Oui. En très petite dose. Cela permet aux fidèles d'être détendus, concentrés et mieux réceptifs. Moi, je n'en ai pas besoin, je suis le médium.

- Connaissez-vous tous les effets possibles du datura, madame Toïhiri ?

- Avec mon dosage, oui. Une infusion de trois feuilles. Je viens de vous le dire : détendu, concentré, réceptif. Voilà l'effet que ça fait.

- Le problème, madame, c'est que vous étiez sur les lieux le jour de la mort de Rodi et que celui-ci est décédé d'une overdose de datura. Et il n'y a personne aux alentours à moins de cent cinquante mètres.

Franck avait joué là une carte imparable. Si la mort par overdose avait été dévoilée, la substance létale utilisée ne l'a en revanche pas été.

- Eh ! Attendez là. Qu'est-ce que vous insinuez, lieutenant ?

- Je n'insinue rien, madame. J'expose les faits. Et dans les faits, vous avez aussi révélé une information que personne ne connaissait à part nous. De deux choses l'une, soit vous êtes l'assassin, soit vous étiez présente et complice.

Franck marquait à son tour des points, et ceux-là

comptaient triples. Il profita de son avantage et enchaina.

- Très bien. Passons à vos revenus et à vos retraits.

- Quoi, mes revenus ! Qu'est-ce que mes revenus ont à voir avec la mort de Rodi ?

- Vous savez madame Toïhiri, quand on a un suspect, c'est toute sa vie qu'on passe au crible. On cherche le mobile. Et vos revenus ou plus exactement votre absence de revenus nous interpellent. Vos retraits aussi.

- Suspecte ! Je suis suspecte ! Mais il a été retrouvé au fond de la rivière des Roches avec les pieds attachés et lestés de pierres. J'aurais pu faire ça moi !

Franck nota que dans sa voix, dans le ton qu'elle employait, dans son rythme et ses inflexions, Sidonie était à présent déstabilisée.

- Il est mort d'overdose, madame. Pas de noyade. On peut toujours payer quelqu'un pour le transport du corps.

Madame Sidonie avait complètement perdu de sa superbe. Elle s'était ratatinée, la tête enfoncée dans ses épaules. C'est le moment que choisit Blandine Béjot pour se venger de l'offense qu'elle avait subie. Elle fit signe à la greffière de ne pas prendre note. Ce qu'elle s'apprêtait à faire n'était pas du tout conforme à la déontologie judiciaire mais elle avait face à elle une « cliente » perverse qui se servait de son statut de quasi sorcière, crainte de tous, pour les trimballer.

Elle n'eut donc aucun scrupule.

- Chère Madame, je vais vous dire ce qui va se passer. Nous allons d'abord faire courir le bruit que votre séance de spiritisme était bidon. Que vous étiez à Bras-Pistolet le soir du crime. Que vous avez tout vu, tout entendu. Que vous avez drogué vos « fidèles » pour leur faire avaler cette supercherie. Ensuite, nous vous poursuivrons pour faux témoignage et entrave à une enquête policière. Puis, nous dévoilerons votre fortune et votre sens des affaires. Bien loin des nourritures célestes et de la modestie que vous affichez officiellement. Et enfin, nous vous inculperons d'homicide avec préméditation avec l'appât du gain pour mobile. Que vous avez éliminé un pauvre bougre avec toute cette mise en scène dans le but de relancer vos affaires qui périclitaient depuis plusieurs années.

Voyez-vous, avec tout l'argent que vous avez retiré de la banque chaque mois, il sera facile de vous imaginer un complice payé en liquide pour emmener le corps dans la rivière. Et si on ne trouve pas ce complice, ce ne sera pas bien grave.

Franck en resta bouche bée. La juge venait de faire preuve d'une faiblesse incroyable. Au mépris de tout comportement éthique, elle avait répondu à la manifestation d'invulnérabilité supposée de Sidonie par une manifestation de puissance. La sienne.

Finalement, elles se ressemblaient un peu. Elles cherchaient l'une et l'autre à exercer une domination, avec les moyens que leur conférait leur autorité respective. Officielle et codifiée pour Blandine Béjot. Divine et obscure pour Sidonie.

Le lieutenant dut néanmoins admettre que ce

qu'avait dit la juge allait très certainement accélérer le traitement du cas Sidonie. Soit celle-ci, sûre de son fait, campe sur ses positions et sa mise en examen est prononcée ; soit elle estime qu'une faille imprévue est apparue, une faille qui la met en grande difficulté, et elle est obligée de collaborer.

Sidonie manifesta soudainement une lassitude qui annonçait sa capitulation prochaine. Son regard si malin et si vif était à présent sans éclat, comme si on venait de lui annoncer une très mauvaise nouvelle. Elle se retourna vers Blandine Béjot, dont elle avait jusque là considéré la présence comme accessoire, voire inutile. Elle la fixa intensément dans les yeux et ce qu'elle y vit fit tomber ses dernières défenses : la juge ne la craignait pas. Au contraire. Sidonie eut la certitude qu'elle était résolue à lui imputer ce crime qu'elle n'avait ni commis ni commandité.

Pourtant, elle avait tout prévu. Mais comment aurait-elle pu savoir que c'est le datura qui avait tué Rodi ! Bien sûr qu'elle savait le doser pour créer des états confusionnels ! Pas pour tuer. C'est aussi son orgueil qui la perdait. L'orgueil, ce péché capital ostensiblement mis en évidence dans sa chapelle !

Si elle ne s'était pas montrée aussi péremptoire, aussi assurée de son fait, elle ne leur aurait pas dit qu'elle était restée à Bras-Pistolet ce soir-là. Et cette juge qui ne croyait pas à ses aptitudes ! Elle n'aurait pas dû lui manifester autant d'hostilité. Comment avaient-ils fait pour deviner ce qui s'était réellement passé ? Et aussi pourquoi elle avait fait ça. Possèderaient-ils, eux aussi des dons divinatoires ?

Sidonie comprit qu'elle avait contribué à refermer sur elle le piège qu'ils lui avaient tendu. Que la partie était terminée pour elle. Elle choisit de tout leur dire plutôt que d'être accusée de l'assassinat de Rodi. Et, aussitôt que sa décision fût prise, elle éprouva un réel soulagement.

28

LA CONFESSION DE SIDONIE

Ce samedi 11 octobre, je me suis étendue sur une natte dans le but de me reposer un peu. Il devait être dix-sept heures dix-sept heures trente. Habituellement, je m'assoupis pendant trente à quarante minutes. Jamais plus longtemps que cela. Mais ce jour-là, je me suis réveillée vers vingt-deux heures quinze. J'étais dans le noir total. Les quelques bougies que j'avais allumées s'étaient consumées.

A l'aide de ma lampe de poche, je me suis dirigée vers l'autel pour en allumer une nouvelle et, en passant près de la porte, je l'ai juste entrouverte pour avoir un peu de fraîcheur. J'ai alors entendu du bruit venant de la cabane, comme des chaises que l'on déplace. Des voix aussi. Celle de Rodi mais une autre également. Je n'entendais pas ce qui se disait, mais au ton que l'homme employait, ce n'était pas amical.

Cet endroit je le connais par cœur, aussi avec la pleine

lune, je n'ai pas eu besoin de lampe pour rejoindre la cabane. Comme vous l'avez vu lieutenant, cet abri n'a pas de porte. J'étais à six mètres peut-être et c'est là que je l'ai vu. Je me tenais derrière un arbre. L'homme me tournait le dos. Il avait une frontale. Je voyais Rodi dans le faisceau de sa lampe.

Il avait l'air effrayé et incapable de résister à l'homme qui était grand. Il avait certainement déjà bu et fumé. J'entendais l'homme qui lui gueulait dessus : « Tiens avale ça, salopard ». Il lui ouvrait la bouche en lui enfonçant quelque chose dedans. Il portait des gants. Je voyais Rodi déglutir en grimaçant. Il se laissait faire.Puis l'homme a pris une petite bouteille, a versé son contenu dans le verre qui était sur la table : « Maintenant bois ça. Tu vas crever, raclure ». Il le faisait boire comme à un enfant, en lui tenant la tête.

Rodi, lui, paraissait sans force. Son corps s'est affaissé légèrement. Il disait des choses inaudibles pour moi. Alors, l'homme le chargea sur ses épaules puis le transporta vers la ravine. Avec la lune à « contre-jour » et la lampe frontale, je n'ai pas pu voir son visage. Je suis retournée à la chapelle et je suis restée dans le noir, sur le qui-vive. Je n'ai jamais pu me rendormir. Je n'en suis pas sûre, mais je crois que l'homme est revenu peu de temps après. Quand il est parti avec Rodi, je ne savais pas que celui-ci était mort. Je ne l'ai su que le mardi suivant quand les journaux en ont parlé.

C'est bien l'argent qui m'a poussée à ne rien dire et à utiliser ce sordide fait divers pour faire ma publicité. Après l'affaire de Marius, en 1999, j'ai gagné beaucoup d'argent pendant quelques années puis cela a diminué progressivement.

Désormais, je ne gagne que ce que les quelques vrais fidèles veulent bien me donner.

Vous vous êtes demandé ce que je fais de tout l'argent que je gagne avec mes loyers. Je vous fais cette révélation parce que vous m'avez promis d'en garder la confidentialité absolue si ça ne contrevient pas à la loi. Alors voilà. C'est une histoire ancienne et douloureuse.

J'avais vingt-trois ans quand j'ai fait sa connaissance. Il s'est immédiatement passé quelque chose entre nous. Cela ne devait pas arriver. Pas avec lui. Mais cela s'est produit. Il était le seul prêtre catholique d'Anjouan. C'était un amant fougueux, j'étais sa première fois.

Nous nous sommes fréquentés secrètement pendant quatorze mois puis je me suis retrouvée enceinte. J'ai réussi à le cacher pendant presque cinq mois et, quand ma famille s'en est rendu compte, ça a été un cataclysme. J'ai aussitôt été recluse et je n'ai plus jamais revu mon amant. Un conseil de famille s'est réuni et ils ont décidé de mon bannissement à vie. Après mon accouchement, ils ont confié l'enfant, mon garçon, à une tante qui l'a déclaré comme le sien et ils m'ont envoyée ici, à La Réunion.

L'argent, je le fais porter aux miens, là-bas. Pour mon fils qui a maintenant une grande famille. Il ne sait pas que je suis sa mère. Je fais vivre tout le monde. C'est une amie qui part le leur donner chaque mois car ils n'ont pas de compte en banque. Moi je n'ai pas besoin de beaucoup pour vivre.

Maintenant, vous savez tout. Faites ce que vous avez

à faire mais mon secret doit rester mon secret.

Lorsqu'elle sortit du tribunal, Sidonie fut littéralement happée par un journaliste d'Antenne Réunion.

En informant Félicité de sa convocation, elle avait délibérément lancé une invitation aux médias. C'était même l'objectif de sa manipulation. Se servir de la mort de Rodi pour faire parler d'elle. Maintenant que son imposture avait été mise à jour, parler à des journalistes devenait la pire des choses qu'elle puisse faire. Elle redevenait un être humain vulnérable comme les autres. Des milliers de personnes allaient la haïr. C'était un juste retour des choses, se dit-elle. Elle prenait brutalement conscience de la solitude profonde qui serait désormais la sienne.

Sidonie n'avait jamais été dupe concernant ses propres capacités. Guérir les gens par les plantes, c'était ça son métier. Le seul qu'elle sache faire. Pour Marius, elle s'était toujours dit que le vrai miracle était que cela se soit passé ce jour-là. Pendant SA cérémonie. Elle avait repéré cette femme parmi les participants en ce jour de décembre 1999. C'est grâce à sa présence, à son implication et à sa puissance céleste que Marius a été délivré. Sidonie était portée par cette force que lui transmettait cette inconnue au beau visage, transcendée par sa propre énergie. C'est elle la vraie exorciste. Le mérite lui en revenait !

Sidonie passait en revue sa pauvre et triste vie de frustrations et de tromperies quand le reporter lui demanda :

« Madame Sidonie, pourquoi avez-vous été convoquée par la justice ? Que voulait-elle ? »

Elle répondit : « La vérité. Rien que la vérité ».

« Et la vérité, vous la connaissez ? » poursuivit-il.

Sidonie n'écoutait déjà plus. Elle s'éloignait et, pour la première fois depuis près de cinquante ans, elle eut la sensation de retrouver un peu de sa pureté d'autrefois. Quand tout était simple. Quand son cœur ne mentait pas.

Après le départ de Sidonie, la juge Béjot et le lieutenant Franck Law n'échangèrent pas un mot. Malgré le dénouement inattendu de son audition et la certitude qu'ils avaient acquise quant au rôle joué par cet homme grand et fort dans la mort de Rodi, quelque chose était advenu. Quelque chose qui altérerait irrémédiablement leur relation.

Blandine Béjot avait montré sa vraie nature. Elle était véritablement prête à tout. Franck l'a vue à l'œuvre et il se dit que sa réputation n'était pas usurpée. Il eut aussi cette impression désagréable que, dorénavant, il allait devoir se méfier d'elle.

29

MEHDI FEROUANE

Mehdi Ferouane, né le 14 mai 1977 à Clichy-La- Garenne, demeurant 37 Allée des Tilleuls, 93100, Saint-Ouen.

Ce sont les seules informations disponibles au Registre National d'Identité. Il n'y avait rien au STIC, système de traitement des infractions constatées. C'était déjà ça. Franck avait un moment redouté que ce fut une fausse identité, de faux papiers.

- Envoie une demande d'information urgente au commissariat de Clichy-La-Garenne. Fais-le mettre en garde à vue et organise une visioconférence pour l'interrogatoire. Vérifie également si Rodi s'est déjà rendu en métropole.

- C'est comme si c'était fait, chef, affirma Max.

Le contrôle des alibis de Jocelyn Virapoullé, de Marcellin Mangalou et de Noni le SDF ne déboucha sur rien. Ils avaient tous pu produire des explications vérifiables et vérifiées. Thierry avait aussi soumis à

Jocelyn Virapoullé, à André du Bar du Caviar, à Noni le SDF et à madame Fruteau de Bras-Pistolet, les photos des dix-sept permis de conduire. Seuls André le barman et madame Fruteau avaient formellement reconnu Mehdi Ferouane malgré, remarquèrent-ils, l'absence de lunettes de soleil sur la photo. Le premier avait eu beaucoup de temps pour observer le « touriste malgache » et la seconde avait pu le voir de près avec son appareil photo en bandoulière.

Le véhicule loué par Ferouane, un Dacia Logan, fut mis sous scellé comme l'avait exigé Franck. La scientifique fut sollicitée pour un examen des pneus, de l'habitacle et du coffre. Les résultats des investigations de l'équipe du commandant Técher ne furent pas vraiment surprenants pour Franck et ses équipiers.

La Logan de Mehdi Ferouane avait bien servi au transport de Rodi Mangalou. Les empreintes des pneus coïncidaient avec celles relevées sur le chemin forestier de Bras-Pistolet. Dans le coffre, des résidus de vomissures contenant des traces de datura permirent de déterminer son ADN. En revanche, la carrosserie et l'habitacle avaient été nettoyés à plusieurs reprises depuis le 13 octobre et rien n'avait pu être exploité. Rien non plus à tirer du GPS qui n'avait pas été utilisé pendant la période de location de Mehdi Ferouane. Le contrat de location indiquait que, du 3 au 13 octobre, le véhicule avait parcouru une distance de mille vingt-sept kilomètres.

Franck plongeait à nouveau dans le brouillard. Son enquête avait fait un sacré bond en avant durant ces dernières vingt-quatre heures. Mais un bond vers quoi ? Il avait désormais un suspect supplémentaire, vraisemblablement le tueur, mais ce suspect-là lui embrouillait encore plus l'esprit, car il ne dédouanait pas du tout les autres protagonistes. Mehdi Ferouane pourrait être un tueur à gages payé par Jeannette Hoarau ou les Patel ou bien encore par Laurentin Hoarau. Un professionnel capable de se faire passer pour un touriste malgache, de se promener partout en se déguisant selon les circonstances ! Capable de ne laisser aucune trace !

Ferouane avait pourtant commis une erreur, une seule : il n'avait pas vérifié l'absence effective de Sidonie en allant à Bras-Pistolet le samedi 11 octobre. Mais la chance avait été de son côté cette fois-là et, Franck se dit que ce ne sera pas toujours le cas. Tout du moins, il l'espérait. Il espérait aussi que les recherches du lieu d'habitation de Mehdi Ferouane donneraient des résultats.

La distance totale parcourue par le suspect durant son séjour sur l'île correspondait à une moyenne quotidienne de quatre-vingt-treize kilomètres. C'est pourquoi ils décidèrent de circonscrire la prospection à un périmètre de cinquante kilomètres allant de Sainte-Suzanne vers l'est, dans la direction de Sainte-Rose. Toutes sortes d'hébergements allaient être vérifiés, photo de Ferouane à l'appui : gîtes, hôtels, chambres d'hôtes, locations meublées ... On commencera par les gîtes, les chambres d'hôtes et les locations meublées, ceux qui n'exigent pas toujours les fiches d'hébergement pourtant obligatoires.

Et, si cela ne donne rien on ira vers l'ouest, beaucoup plus dense en capacité d'accueil.

La photo de Ferouane fut transmise à tous les gendarmes et à tous les policiers des communautés de communes de l'est. Avec cette photo et le modèle de voiture, ce ne devrait pas être bien difficile de localiser sa « planque ». Franck devait aussi interroger Jeannette Hoarau. Max avait constitué un dossier qui décrivait une vie sans histoire. Quelques amis, des femmes essentiellement. Pas d'amant ni d'amoureux connu. Aucune relation avec les Patel depuis 2002. Des vacances à l'île aux Nattes une fois par an. Un travail régulier. Chez Mercure Créolia depuis sept années. Un niveau de vie et un patrimoine correspondant à son niveau de revenu. Pas d'entrée ni de sortie d'argent remarquables.

Cette femme n'avait pas le profil d'une tueuse à retardement. Franck en convenait, mais pour autant, il ne pouvait pas l'écarter de ses recherches sur une simple appréciation.

Quel motif allait-il invoquer pour reprendre contact et l'interroger ? Connaître son alibi ? Ce n'est pas suffisant et surtout, cela stoppera aussitôt l'échange dès lors qu'elle se sentira soupçonnée. Il y avait aussi une possibilité qui consistait à jouer de la compassion et de l'empathie et qui, sous prétexte de lui apporter un peu de réconfort, la mettrait peut-être en situation de se confier au-delà du convenu. Toutefois, Franck se dit qu'il n'en userait qu'en dernier recours. Si vraiment il n'avait pas d'autres idées d'ici au lendemain.

Le lieutenant en était à ces considérations d'ordre tactique quand son téléphone sonna :

- Lieutenant Law ? Ici le brigadier-chef Fontaine. Nous avons trouvé le repaire de votre gars. Il a loué une maison à Bois-Blanc, à monsieur Nativel. Il s'est présenté comme un vulcanologue amateur. Le problème c'est que la maison a entièrement brûlé dans la nuit du 12 octobre dernier.

- Entièrement ?

- Oui lieutenant. Apparemment, il s'agit d'un incendie criminel. Je vous fais envoyer une copie du rapport de gendarmerie. Mehdi Ferouane a aussi dîné quelques fois au Joyau des Laves.

- Merci brigadier. Veillez à ce qu'on ne touche à rien.

Franck n'était même pas abattu par cette très mauvaise nouvelle. À chaque fois qu'il pensait s'être rapproché de Mehdi Ferouane, celui-ci avait mis encore plus de distance. Sa méticulosité et sa détermination à effacer les traces de son passage étaient remarquables. Il décida de reporter à plus tard la convocation de madame Hoarau. Aller à Bois-Blanc lui paraissait désormais plus urgent.

30

BOIS-BLANC

Franck ne connaît pas bien cette région de l'île. Il se souvient d'y être allé quand il était adolescent. Il n'en a retenu que ce que veut bien retenir un garçon de douze ans : le Grand Brûlé, la Vierge au Parasol, Notre-Dame-Des-Laves ou encore l'Anse des Cascades. Depuis, il a vu comme tout le monde, ces images de coulées rougeoyantes se déversant dans la mer, agrandissant le pays de quelques centaines de mètres carrés à chaque éruption du Piton de la Fournaise. Bois-Blanc se trouve à la frontière de cette vaste zone volcanique et inhabitée, recouvrant un cinquième de l'île, à soixante-quinze kilomètres de la capitale.

Cependant, ce n'est pas pour faire du tourisme qu'il a voulu se rendre sur les lieux avec l'équipe du commandant Técher. Non. Ce qu'il veut, c'est humer l'endroit où a séjourné Mehdi Ferouane. Se faire une idée de qui peut être cet homme qu'ils pourchassent et qui semble être un professionnel du crime. En outre, il doit interroger monsieur Nativel le propriétaire de la maison ainsi que le personnel du restaurant Le Joyau des Laves.

Franck savait d'expérience que maintenant, il suffisait de pas grand-chose pour que Ferouane leur livre ses secrets et qu'ils sachent enfin qui a tué et pourquoi Rodi Mangalou est mort. Mais avec la destruction de la maison, cette perspective s'éloignait brutalement.

La petite habitation, ou du moins ce qu'il en reste, est l'avant-dernière des rares maisons se trouvant sur la RN2, en retrait, à la sortie du village, avant la traversée des coulées de basalte du Grand Brûlé, vers Saint-Philippe. Mehdi Ferouane a sans doute pu effectuer ses allées et venues sans éveiller la curiosité, releva Thierry en s'adressant à Franck.

Le repaire de Mehdi Ferouane n'est plus qu'un cube de béton carbonisé. Le toit, les fenêtres et la porte d'entrée ont complètement brûlé. La charpente et les tôles de la toiture se sont effondrées. À l'intérieur, les cloisons de placoplâtre sont fendues de toute part. Dans le coin cuisine, la structure métallique de la cuisinière est recroquevillée telle une sculpture futuriste. Le bac de douche à l'italienne est recouvert d'une épaisse couche de cendres. Le lavabo est renversé. Partout, les restes probables de meubles bon marché sont disposés en tas sombres.

- Ce n'est plus qu'une ruine calcinée, leur dit le commandant Técher en se dirigeant vers eux.

- C'est ce qu'on voit, répondit Franck d'un air las.

- Je ne sais pas ce qu'on va pouvoir faire. Il y a tellement de gens à avoir piétiné cet endroit : le propriétaire, la police, les pompiers, l'expert de l'assurance et même des curieux.

- Si on avait su, on aurait protégé l'espace, lieutenant, s'excusa le brigadier-chef Fontaine du commissariat de Sainte-Rose.

- Thierry, tu restes ici. Interroge le propriétaire et le restaurateur. Je reviens dans une heure.

Franck avait éprouvé soudain le désir d'être seul. Il ne donna aucune explication à quiconque, prit la voiture, se dirigea vers Saint-Philippe et s'arrêta dans la caldeira du Grand Brûlé, à l'ancien port du Tremblet.

La mer est calme. Il s'installe sur la plage. Le sable noir est brûlant. Dans son dos, les strates de coulées volcaniques constituant la falaise témoignent de l'activité intense du piton de La Fournaise. Des pêcheurs tirent leur barque pour la mettre à l'abri. L'un d'eux transporte une dizaine de macabits, leurs prises du jour. Ils s'éloignent. Franck est désormais seul au milieu de ce déluge de basalte, face à l'Océan Indien.

Que vient faire un gars, né à Clichy-La-Garenne et habitant à Saint-Ouen, dans le meurtre d'un SDF à Bras-Pistolet ? Utiliser son permis de conduire pour louer une voiture, se faire appeler Nazer et mettre autant d'ardeur à effacer les traces de son passage, au prix d'actes délictueux ! Il y a quelque chose qui cloche dans tout ça.

Ce n'est pas cohérent, se répète-t-il, perplexe.

Il dessine machinalement sur le sable. Des idéogrammes de lui seul compréhensibles. Il essaie de s'imaginer la vie que Mehdi Ferouane a pu mener dans cette maison de location. Est-ce qu'il y passait beaucoup de temps ? Qu'aurait-il fait à sa place ? Il tente de visualiser les gestes quotidiens qu'il a pu accomplir. Si, dès son plan initial, il avait projeté de détruire l'habitation par le feu, alors il y aurait certainement vécu normalement. Sans faire particulièrement attention. Préparer son petit-déjeuner, faire un peu de cuisine, la vaisselle peut-être, se laver les dents, prendre des douches, aller aux toilettes, dormir, faire son lit, regarder la télévision, lire … il n'aurait pas emmené de fille. Trop risqué. Ou alors, il aurait fallu l'éliminer aussi.

À ce stade, Franck le savait, seul un élément tangible leur permettrait d'avancer. Mais avec une telle flambée, peut-on rêver d'un miracle ? Peut-être que dans les fondations, dans les canalisations ...Et c'est sur cette réflexion encourageante qu'il décida de retourner à Bois-Blanc.

La police scientifique s'affairait toujours dans la maison et alentour. Thierry discutait avec un homme. Le propriétaire sans doute. Franck se dirigea vers eux.

- Monsieur Nativel, voici le lieutenant Law, responsable de l'enquête. Son locataire s'est présenté sous le nom de Nazir. Monsieur n'a pas vérifié les documents. Ils se sont vus deux fois, le jour de son arrivée et à la veille de son départ, pour un état des lieux.

Et pour le restaurant, il y a dîné deux ou trois fois. Il a réglé ses notes en liquide. Ils sont incapables d'en dire plus.

Franck en avait assez entendu. Ce n'est pas ça qui va les aider. Il s'excusa et retourna dans la maison.

- Nous n'en avons plus pour très longtemps, lieutenant, lui dit le commandant Técher en l'apercevant.

- Donnez-moi une seule raison d'espérer, commandant.

- Écoutez, je ne veux pas vous faire de fausse joie, mais on a des poils et des cheveux extraits de la bonde de sol de la douche. Si vous avez des suspects, il nous faut des prélèvements au plus vite.

Imperceptiblement, les yeux de Franck s'illuminèrent. Son cœur se mit à battre la chamade. La première erreur de l'assassin !

- Pour Ferouane, on voit avec Clichy-La-Garenne et pour les autres …

Franck s'était interrompu net. La lettre d'adieu d'Amishi. La mèche de cheveux de Laurentin. Rêver d'un miracle.

Après quelques secondes, il termina sa phrase : … je vous fais porter un premier échantillon rapidement.

31

DEBORAH RICHET, CRIMINOLOGUE

Deborah et Franck sortaient du Ritz. Ils avaient vu The Grand Budapest Hotel et ils avaient passé un bon moment. Comédie loufoque et déjantée, casting magnifique.

C'est Deborah qui avait choisi le film. Franck avait une préférence pour les polars et les thrillers mais, dans les périodes d'enquêtes compliquées et préoccupantes, elle s'arrangeait toujours pour avoir la priorité du choix. « Du léger. Je veux du léger ce soir », lui avait-elle dit.

Franck lui fait confiance. Elle a un goût éclectique et sûr. Hormis les films gore, les ultras violents (la trilogie des Pusher l'avait définitivement dégoutée du genre) et les masturbations intellectuelles imbitables, elle n'a pas d'a priori. Même le porno chic ne la rebute pas, pourvu qu'il y ait une pseudo histoire sentimentale à la clé !

Franck proposa d'aller manger une glace.

Depuis leur dîner au Reflet des Îles, Franck lui faisait

part de ses « avancées » au fil de l'eau. Elle disposait de toutes les informations au même titre que la juge Blandine Béjot. Alors, Deborah s'était secrètement autoproclamée criminologue. Et ce soir, elle avait décidé de lui parler d'une théorie qu'elle avait en tête. Elle comptait le faire sur le ton de la blague. Il ne fallait pas qu'il s'imagine qu'elle fait ça sérieusement, qu'elle empiète sur son territoire. Elle se répétait mentalement la façon dont elle pourrait aborder le sujet : « Tu vois Franck, c'est une idée qui vient de surgir comme ça, à l'insu de mon plein gré. Ce genre de choses qui s'imposent à toi sans que tu les aies sollicitées. Ça a bien dû t'arriver aussi ! Non ? »

Elle le laissa entamer sa glace au fruit de la passion et elle se lança.

- Tu sais, Francky, à propos de ton affaire, j'ai eu une sorte de délire pendant la pub Agatha. En voyant ces bijoux. Je n'ose même pas t'en parler tellement c'est n'importe quoi.

- Pas entre nous, Deb. Je t'en prie.

- Tu me jures que tu ne te moqueras pas de moi ?

- Tu sais, il m'arrive parfois de sortir des sentiers battus quand la situation est bloquée. Et nous sommes dans ce cas.

- Tu as fait cet exercice de classement des suspects dont tu me parles de temps à autre ?

- Bien sûr.

- Où se situe Laurentin Hoarau sur ce schéma ?

- Le plus proche du centre avec un autre suspect inconnu. On pouvait à coup sûr envisager une vengeance tardive liée à son histoire avec Amishi Patel mais il n'est pas revenu à La Réunion depuis 2003. Il a donc un alibi … en béton … et c'est un OPJ !

- Justement, c'est lui mon délire.

- Explique-moi.

- Voilà. C'est la bague qui m'intrigue. Une bague, symboliquement, c'est pour sceller une union. Or, Laurentin et Amishi, j'ai cru comprendre qu'ils s'étaient promis l'un à l'autre. En supposant que l'assassin a bien fait avaler cette bague à Rodi Mangalou, alors cela ne peut être que l'œuvre d'un ancien amoureux. Il a voulu signifier à Rodi que c'est parce qu'il a détruit son rêve de vie avec Amishi et qu'il l'a détruite, elle, qu'il doit mourir.

- Je ne te savais pas à ce point romantique !

- J'étais certaine que tu te moquerais, dit-elle, boudeuse.

- Mais non, je te taquine. Mais si je vais dans ton sens, cela peut aussi être un ancien amoureux non déclaré qui, lui, est ici. Ce serait plus simple pour moi. Et tu as pensé à la façon dont il aurait pu s'y prendre ?

- Eh bien, sa mère a pu mentir ou bien il a pu entrer clandestinement, soit de métropole soit de Madagascar. Mais je sais que mon idée va te compliquer ton enquête.

- Non Deb, je t'assure. Je n'ai moi-même jamais écarté cette possibilité puisqu'il est le premier suspect de ma liste. Mais, on n'a rien de concret et il s'agit d'un officier de police !

Franck ne lui parla pas des poils et des cheveux trouvés à Bois-Blanc ni de l'échantillon anonyme qu'il avait transmis à la scientifique.

32

MEHDI FEROUANE NE PARLERA PAS

- Franck.

- Oui, Max.

- Mehdi Ferouane est mort.

Max l'avait annoncé presque timidement. Il savait sans doute que cela allait provoquer un séisme.

- Quoi ?

- On vient de recevoir les informations du commissariat de Clichy-La-Garenne.

- Il ne manquait plus que ça. On ne saura donc jamais ce qui s'est passé. Merde. Merde. Et remerde.

« Medhi Ferouane, 37 ans, ingénieur télécoms, employé par Télécom Italia depuis onze ans, marié à Christelle Dunois, préparatrice en pharmacie, père d'une fille de neuf ans, est mort sur le coup le 30 septembre 2014, lors d'un accident de voiture dans le département des Yvelines. La vitesse excessive apparaît être la cause de sa sortie de route. Il était seul et le compteur était bloqué à cent quatre-vingt-deux kilomètre-heure. Le virage dangereux était normalement signalé. La voiture ne présentait aucune anomalie. Sa femme a expliqué qu'il était parti à Septeuil pour la fête d'un collègue qui venait d'être muté à Milan. Ce qu'a confirmé le collègue en question. Lors de cet accident, la sacoche contenant ses papiers, qu'il emporte habituellement avec lui, a disparu. Cette disparition n'a été constatée qu'après trois semaines ».

Avant d'avoir eu connaissance de la date de l'accident et, pendant un bref moment, Franck a cru que Ferouane avait été éliminé par le commanditaire du meurtre de Rodi Mangalou afin que tout lien entre eux disparaisse à jamais.

- Qu'est-ce que c'est que ce foutoir ?

Franck n'avait rien trouvé de plus intelligent à dire. Il était soudain désemparé.

- Il y a des photos si vous voulez les voir, ajouta Max, s'adressant également à Thierry qui se grattait fébrilement le lobe de son oreille gauche.

Ce dernier n'avait pas prononcé un seul mot depuis que Max avait fait cette annonce fracassante. Franck non plus ne disait rien. Les photos ne semblaient pas l'intéresser. À cet instant précis, il est avec Deborah. Ils sont à l'Igloo. Il déguste sa glace au fruit de la passion. Elle a pris un sorbet au litchi. Elle lui dit : « Laurentin, c'est lui mon délire. Sa mère aurait pu mentir ou bien il a pu entrer clandestinement, soit de métropole soit de

Madagascar ». Il lui répond : « je n'ai jamais écarté cette possibilité mais on n'a rien de concret ».

- Bon. Si ce que je dis ne vous intéresse pas, tenta à nouveau Max.

- Excuse-nous, lui dit Thierry.

Deux des clichés montrent Mehdi Ferouane au volant de sa voiture, la tête tournée vers l'extérieur du véhicule ; son front est brisé sur toute sa largeur, du sang a coulé sur son visage. Les trois autres concernent la voiture. Un plan large et deux gros plans de l'avant. Le capot est coupé en deux. Le moteur a pénétré dans l'habitacle. Le choc a dû être d'une violence inouïe.

Franck regardait les photos sans les voir. Sa tête était ailleurs. Max et Thierry savaient qu'il tentait de dissimuler la colère qui l'habitait, le regard fixé vers un coin du bureau, les lèvres pincées et la mâchoire serrée. Il ruminait on ne sait trop quel ressentiment. Et, soudain, il explosa :

- Ça commence à bien faire. Il faudra bien que la juge accepte l'interrogatoire de Laurentin Hoarau. S'il n'avait pas été policier, il y a longtemps qu'il aurait été convoqué ! Alors, je me contrefous qu'il soit OPJ. Je veux lui parler. Connaître son alibi.

Sur ce, il décroche son téléphone.

- Ici le lieutenant Law. Passez-moi la juge Béjot. C'est urgent.

Le ton est impératif.

- Oui lieutenant. Je suis en réunion. Qu'est-ce qui est si urgent ?

- Ce n'est pas Mehdi Merouane qui était ici à La Réunion. Mehdi Ferouane est décédé le 30 septembre dernier. Or, celui que l'on recherche est arrivé à La Réunion le 3 octobre. Je veux, je dois parler à Laurentin Hoarau. Rapidement.

- Je termine et je vous appelle dans trente minutes.

- Thierry, tu prends à nouveau contact avec le commissariat de Clichy-La-Garenne. Il faut que tu interroges la femme et les parents de Mehdi Ferouane. On doit savoir s'il y avait un lien entre Laurentin et lui. Attention, il ne faut pas citer son nom. On pourrait par exemple leur demander si Mehdi avait une connaissance d'origine réunionnaise. Ou bien même dans la police. Il faut leur dire que quelqu'un a utilisé ses papiers et qu'on cherche à savoir qui et pourquoi.

Max, essaie de te procurer discrètement des photos de Laurentin. Trouve une explication. Vois avec les écoles qu'il a fréquentées. Il y a aussi cet organisme qui gère les concours d'entrée dans la police, la DIRF. Il doit bien y avoir un dossier. Pour Rodi, tu as vérifié s'il était allé en métropole comme je te l'avais demandé. « J'ai essayé Franck, mais j'attends l'appel de Marcellin Mangalou. Il était absent ».

Franck était conscient qu'il s'était un peu laissé déborder par la colère. Il avait traité ses coéquipiers comme des débutants. «Il faut que je me calme avant que Béjot rappelle», se promit-il.

- Vous avez des éléments impliquant Laurentin

Hoarau ? lui demanda-t-elle dès qu'il eût décroché.

- Non madame la juge. Mais vous comprenez qu'il est le seul, avec un mobile potentiel, que nous n'avons pas pu interroger. Son témoignage me paraît indispensable à ce stade. On doit au moins savoir où il était.

- Il me semblait avoir été clair, lieutenant. Sans preuve de son implication, pas d'interrogatoire.

Franck s'attendait à une autre réaction. Avec la certitude que quelqu'un avait usurpé l'identité de Mehdi Ferouane, il pensait que Blandine Béjot se montrerait plus conciliante. Il tenta une approche différente. Il a encore en tête la méthode peu orthodoxe de la juge envers Sidonie et il sait qu'elle sera la première à lui imputer la moindre erreur. Penses à Sun Tzu, se dit-il pour s'encourager : « celui qui excelle à résoudre les difficultés, le fait avant qu'elles ne surviennent ».

- Je n'oublie jamais ce qu'on me dit, madame la juge. Et surtout, je comprends fort bien pourquoi. Toutefois, je n'aimerais pas qu'on nous reproche d'avoir manqué de rigueur. Sans le témoignage de Laurentin Hoarau, on peut considérer que notre enquête est terminée. Ou alors vous avez une idée qui nous permettra d'explorer d'autres pistes ... Si ce n'est pas le cas, ce que je vais faire est simple. Je vais vous adresser une requête argumentée par écrit. En cas de réponse négative, je demanderai à clore l'enquête sur un constat d'échec.

À la fin du plaidoyer de Franck, Blandine Béjot fronça les sourcils et se tut pendant quelques secondes. Il l'avait mise dans la situation de ne pas pouvoir refuser. Elle l'avait sous-estimé. Elle devait accéder à sa demande, mais il était hors de question pour elle de perdre la face.

- Je voulais m'assurer de votre détermination et de votre intime conviction, lieutenant. Me voilà renseignée. Comment comptez-vous procéder ? lui dit-elle, avec son aplomb coutumier.

- Si vous en êtes d'accord, je contacte la brigade des stups à Paris et je les informe de notre souhait de recueillir le témoignage de Laurentin dans une affaire qui le concerne indirectement. Que cela nous permettra peut-être de faire avancer notre enquête. Aussi simplement que cela

- Bien. Allez-y, se contenta-t-elle d'ajouter.

Franck avait bien pris soin de parler de leur enquête à tous les deux, pour qu'elle comprenne bien qu'elle ne pouvait pas, bien que sa position le lui permette, qu'elle ne pouvait pas entraver son action au prétexte qu'un des témoins essentiels est un flic. Il lui avait forcé la main et il avait pris le risque de la froisser. Maintenant, il n'avait pas le droit d'échouer.

33

ENQUETE 2.0

À : alain.teyssedre@interieur-stup.fr

De : franck.law@gendarmerie-br-ru.fr

Copie : blandine.bejot@justice.fr

Objet : Laurentin Hoarau

Bonjour Commandant,

Dans le cadre de l'enquête que nous menons, la juge Béjot et moi-même souhaitons, avec votre accord, recueillir le témoignage de Laurentin Hoarau. Bien que l'affaire d'homicide sur laquelle nous travaillons ne le concerne pas directement, il a pu être, par le passé, l'acteur et le témoin d'évènements qui pourraient avoir un lien avec ceux d'aujourd'hui. Nous pensons qu'il peut nous aider dans la recherche de la vérité.

Bien cordialement, Lieutenant Franck Law, Brigade de Recherche

À : franck.law@gendarmerie-br-ru.fr

De : alain.teyssedre@interieur-stup.fr

Copie : blandine.bejot@justice.fr

Objet : Fwd : Laurentin Hoarau

Bonjour Lieutenant,

Il est bien entendu que nous accédons à votre demande, cependant il va vous falloir patienter un peu (combien de temps, je ne peux pas vous le dire). En effet, le capitaine Hoarau est en mission à l'étranger depuis le 28 septembre et il nous est impossible de l'interrompre sous peine de la voir échouer, mais surtout cela mettrait en danger la vie de notre officier. Je vous tiendrai informé, dès lors que Laurentin sera en situation de pouvoir vous aider.

Bien cordialement

Commandant Alain Teyssedre, Brigade des Stupéfiants

À : alain.teyssedre@interieur-stup.fr

De : franck.law@gendarmerie-br-ru.fr

Copie : blandine.bejot@justice.fr

Objet : Fwd :Fwd : Laurentin Hoarau

Bonjour Commandant,

Merci de votre réactivité. Il n'est bien sûr pas question que nous mettions en danger la vie d'un confrère, mais n'est-il pas envisageable que nous ayons avec lui un bref échange téléphonique.

Bien cordialement, Lieutenant Franck Law

À : franck.law@gendarmerie-br-ru.fr

De : alain.teyssedre@interieur-stup.fr

Copie : blandine.bejot@justice.fr

Objet : Fwd : Fwd : Fwd : Laurentin Hoarau

Bonjour Lieutenant,

La mission à laquelle Laurentin Hoarau participe a nécessité de très longs mois de préparation. Sans en dévoiler son contenu, ce que je peux vous dire, et nous devrons en rester là, c'est qu'il agit sous couverture. C'est une mission dangereuse et nous ne pouvons pas l'arrêter. Lui demander de sortir de la procédure est absolument contraire aux conditions imposées pour sa propre sécurité. Je reprendrai contact avec vous, dès lors que Laurentin sera en mesure de vous apporter son concours.

Bien cordialement, Commandant Alain Teyssedre

34

UNDERCOVER

Thierry avait surtout subi les pleurs et les plaintes de la femme et des parents de Mehdi Ferouane. On les avait convoqués au commissariat pour des raisons qu'ils ne comprenaient pas. Leur mari, leur enfant était mort accidentellement et on voulait savoir qui il fréquentait !

« Tout cela n'a pas de sens, monsieur le commissaire. Non, on ne connaît pas toutes les relations de Mehdi. Et non, on ne lui connaît pas d'amis réunionnais. Il n'a jamais été là-bas non plus. Il voyageait surtout en Europe et aux États-Unis. Beaucoup pour son travail. Qu'est-ce qui se passe ? Vous ne pouvez pas nous le dire ».

Thierry leur avait simplement dit la vérité : son identité avait été usurpée dans le but de commettre un crime.

Les parents de Mehdi avaient réagi comme si leur fils était mort une seconde fois. Thierry n'a pas pu supporter leurs cris de douleur : il a lâchement simulé un problème de réseau pour écourter l'appel.

Sur la photo de classe, Laurentin a onze ans. Les élèves sont debout, alignés sur trois rangées. Les petits devants et les grands derrières. Il les dépasse tous d'une bonne tête. Il ressemble à beaucoup de métis réunionnais : le teint mat et les cheveux noirs.

Max isola la tête de Laurentin puis, il utilisa le logiciel Morph Age pour le vieillir de vingt-trois ans. Ensuite, il lui ajouta une moustache, une barbe de six jours et des cheveux mi-longs. Ouais, c'est pas mal ressemblant avec Mehdi Ferouane, constata-t-il.

Franck renonça à réinterroger Jeannette Hoarau. Il est désormais persuadé que son fils est l'assassin de Rodi. Pourquoi prendre le risque de l'alerter ?

L'entretien qu'il avait avec Blandine Béjot, était surtout centré sur la signification et les conséquences des révélations du dernier mail du commandant Teyssedre de la brigade des stupéfiants de Paris.

- Intervenir sous couverture, madame la juge, cela veut dire qu'il a été chargé d'infiltrer une organisation criminelle dans le but de la faire tomber. Au sein de l'organisation infiltrée, il doit vivre et agir comme eux. Les meilleurs réussissent à gravir les échelons et à organiser eux-mêmes les trafics. On vous donne une nouvelle identité et on vous a fabriqué un passé de toutes pièces. Vous devez vous débarrasser de tout ce qui peut vous relier à votre vie antérieure. Votre ancienne vie n'existe plus. On vous en a créé une nouvelle avec une adresse, un compte en banque, une carte de crédit, un casier judiciaire chargé ... C'est le genre de mission pour laquelle l'agent a une grande autonomie et une grande indépendance vis-à-vis de sa hiérarchie. Autrement dit, il a un vrai pouvoir de décision sur les tactiques et les méthodes.

- Vous voulez dire que Laurentin Hoarau ne rend aucun compte.

- Depuis le 28 septembre, Laurentin Hoarau a quitté sa famille et ses amis sans les en informer. Pour combien de temps, cela dépendra du déroulement de sa mission. Hormis un juge, trois ou quatre officiers supérieurs de la Brigade des Stupéfiants et le service interministériel d'assistance technique, personne ne connaît sa nouvelle identité ni l'objet de sa mission. En réalité, il doit avoir ce qu'on appelle un « couvreur », un autre agent chargé de le suivre à distance de façon à garantir sa sécurité, mais aussi à veiller à ce qu'il ne bascule pas du côté des truands. Auparavant, les cas étaient nombreux où l'agent infiltré avait succombé à la tentation de l'enrichissement facile.

- Mais celui que vous appelez son « couvreur », il doit connaître les déplacements de son agent, non ?

- En théorie oui. Mais cela devient effectif seulement lorsque l'agent a réellement réussi à infiltrer l'organisation cible. Or, cela peut prendre des mois voire des années avant qu'une organisation mafieuse puisse être infiltrée. On considère à raison que pendant les premières semaines de la mission, il n'y a pas d'enjeu véritable donc pas de risque.

- Vous voulez dire que même si on l'interroge un jour, on n'aura aucun moyen de savoir où il s'est trouvé depuis le 28 septembre dernier.

- Pas si son « couvreur » n'en a pas été informé et qu'il a pris un minimum de précautions. Le commandant Teyssedre nous dit que sa mission se déroule à l'étranger. Ça rend les choses encore plus complexes.

- On est en plein cinéma, lieutenant !

- On n'en est pas loin, madame la juge. Sur ce thème-là, les exemples ne manquent pas, aussi bien aux États-Unis qu'en France : Donnie Brasco, Razzia sur la chnouf, Gangsters. Souvent, ils sont inspirés de faits réels.

Franck aurait pu lui en citer d'autres en nommant également les réalisateurs, les acteurs et les années de production. Mais il s'abstint.

- Je n'aime pas du tout ce film-là, vous vous en doutez.

- Je n'ai rien contre les scénarios machiavéliques dans les salles obscures. Ici, en revanche, dans le rôle de l'enquêteur empêtré ... Très peu pour moi, précisa Franck.

- Excusez-moi, lieutenant.

On venait de frapper à la porte.

- Madame la juge, le commandant Técher souhaite vous voir avec le lieutenant Law. Il dit que c'est important.

- Faites-le entrer alors.

Franck savait ce qu'allait dire le commandant.

- Le profil génétique de votre échantillon, lieutenant, correspond à l'un de ceux que nous avons trouvés à Bois-Blanc.

- Qu'est-ce que ça veut dire, lieutenant ? demanda la juge, ébahie.

- Cela veut dire, madame la juge, que nous avons la preuve que vous souhaitiez. Laurentin Hoarau a bien tué Rodi Mangalou. La mèche de cheveux de l'échantillon vient de la lettre d'adieu d'Amishi Patel. Nous ne savons pas encore dans quelles circonstances il a pu se procurer les papiers de Mehdi Ferouane, mais la preuve que c'est lui est là. Irréfutable.

Franck était heureux du dénouement de cette affaire. Il laissa Blandine Béjot et le commandant Técher à leur discussion sur les progrès techniques de la police scientifique. Ses pensées allèrent à Dounia et à Sulayman Patel. Ils auraient certainement préféré une autre conclusion.

Il ne lui restait plus qu'à rentrer chez lui et prendre un verre sur la terrasse avec Deborah, en admirant la ville et ses lumières scintillantes.

35

ÉPILOGUE

Franck était abasourdi et admiratif à la fois. Deborah avait-elle volontairement laissé traîner ses écrits pour que Franck les découvre - Sa « construction » des évènements qui auraient pu conduire Laurentin Hoarau à commettre, en toute impunité, l'assassinat de Rodi Mangalou était bluffante et réaliste. Elle l'avait écrit là, à la page 23 de son carnet. Comme si elle y était.

« Lorsque Laurentin arrive au niveau de l'Audi A3, j'imagine que c'est une Audi, mais est-ce vraiment important, celle-ci est encastrée dans un arbre. La portière du conducteur est ouverte.

L'homme a le visage ensanglanté, légèrement penché sur la droite. Il semble regarder Laurentin fixement. Le volant lui a fracassé le front. Sa ceinture est détachée ou, plus vraisemblablement, il ne devait pas la porter lorsque sa voiture a quitté la N183 reliant Villette à

Mantes-La-Jolie. (Bon, ça aurait pu se passer ailleurs mais, ça aussi ça n'a pas d'importance).

Il se rend tout de suite compte qu'il n'y a plus rien à faire. Cet homme a perdu la vie par une belle soirée de fin d'été sur cette route des Yvelines longée par la Vaucouleurs. Laurentin le regarde et il se dit qu'ils auraient pu être frères tellement il lui ressemble, quand, pendant quelques mois, il avait sa moustache et sa barbe de trois jours.

Par pure curiosité il ouvre la petite sacoche qui se trouve sur le siège passager.

A l'intérieur, il trouve la photo d'une femme et d'une enfant (son épouse et sa fille sans doute), une carte d'identité, un permis de conduire, la carte grise du véhicule, une carte bancaire, un chéquier et divers documents dont une relance d'EDF et 357 euros en liquide.

L'homme s'appelle Mehdi Ferouane. 37 ans. 1,76 m.

Laurentin prend son téléphone. Il s'apprête à appeler la gendarmerie quand une idée folle lui traverse l'esprit.

Tout s'emballe dans sa tête. Foutre le camp d'ici au plus vite et se décider plus tard. Voilà ce qu'il lui faut faire. Laurentin prend la sacoche puis il reprend la route à toute allure. Deux kilomètres plus loin, lorsqu'il voit arriver une voiture venant en sens opposé, il n'hésite pas et bifurque sur la droite vers Auffreville-Brasseuil, dans la rue du Château. Il traverse le patelin puis il retrouve la nationale en direction de l'autoroute A13 et il rentre sur Paris.

À ce moment-là, il ne sait pas encore si ce qu'il envisage de faire sera réalisable ou pas. Ce dont il est certain, c'est qu'une opportunité comme celle-là ne se représentera jamais plus. Il doit y réfléchir calmement, sans perdre de temps.

Jusqu'à ce jour, il avait certes nourri une haine féroce envers l'homme qui avait réussi à lui briser son rêve, à pervertir Amishi puis à la pousser au désespoir et à la mort. Mais jamais encore le désir de le supprimer ne l'avait effleuré.

La mort de Mehdi Ferouane, leur ressemblance relative, ses papiers et sa carte Visa qui sont désormais en sa possession, tout cela a réveillé en lui une pulsion enfouie au plus profond de son inconscient. Ce concours de circonstances insensé, c'est comme un encouragement à passer à l'acte.

Il se remémore les articles de presse et la photo d'Amishi que le Journal de l'île de La Réunion avait publiés en 2006. Il se souvient de la bague qu'il avait achetée au début de leur rencontre, quand il avait quatorze ans. Il l'avait gardée pour elle. Ces souvenirs renforcèrent encore plus sa volonté d'aller au bout de sa soudaine pulsion meurtrière. Il réalise qu'octobre serait le mois anniversaire de sa mort et cela finit par le convaincre qu'il y a réellement là un signe du destin.

Laurentin met au point une stratégie. Il sait qu'il lui faut faire très vite. La fenêtre de « tir » est étroite. Il évalue à trois semaines au maximum le délai au-delà duquel il ne pourra plus utiliser l'identité de Mehdi

Ferouane sans prendre un grand risque d'être découvert. Il n'ignore pas que cette possibilité existe mais il est prêt à se mettre en danger. Il avait bien accepté les risques inhérents à la nouvelle mission qu'il venait de commencer sous le nom de Didier Ramon Rego !

Quelle a été ma vie depuis que j'ai été abandonné par ma bienaimée ? Des descentes dans les cités à courir après les petits dealers pour récupérer dix grammes de shit. Des aventures d'un soir avec des filles qui n'arrivent pas au dixième de la cheville d'Amishi. Des beuveries quelquefois avec des collègues sans intérêt. Une petite vie de rien en somme.

L'Île aux Nattes avec sa mère chaque année ? C'est bien peu comparé à la souffrance qu'il endure depuis si longtemps. Il avait réussi à lui cacher son mal-être et à jouer la comédie du fils bien dans sa tête et bien dans sa peau. Mais il se sait désormais incapable d'établir une relation de confiance, durable, avec quiconque et il en éprouve une grande désolation. Ce qui est arrivé à Amishi, ce n'est pas de sa faute à elle. C'est lui, Rodi, le responsable. Et moi, j'ai la possibilité de le lui faire payer.

À la première heure au lendemain du décès de Mehdi Ferouane, Laurentin achète un Paris-Marseille au départ immédiat de la gare de Lyon, le paye en liquide, le composte puis il quitte la gare en évitant les caméras de surveillance qu'il avait repérées en arrivant. Il porte des habits inhabituels, des chaussures de sport, des cheveux longs, des lunettes noires et une cagoule de survêtement. Il boitille. Son habileté à se fondre dans la foule fait des merveilles.

Il est Mehdi Ferouane. Il a ses papiers (et même une

relance d'EDF).

Laurentin semble avoir tiré pleinement profit de tout l'enseignement qu'on lui avait inculqué dans le cadre de sa mission : infiltrer un réseau international de trafiquant de cannabis agissant dans la région d'Algésiras, au sud de l'Espagne. (Il paraît que c'est là-bas que les « go fast » venant du Maroc ont fait leur apparition).

Ensuite, débarrassé de son accoutrement, il se met à nouveau dans la peau de Didier Ramon Rego, d'ascendance espagnole par sa mère et de père inconnu. Petit délinquant, gros casier judiciaire, trafic en tout genre : cannabis, ectasy ... prison à répétition. On peut trouver des traces de ses frasques sur internet. Jamais de photo.

(Là, j'imagine que la Brigade des Stups lui a fabriqué une identité et un passé adaptés au milieu qu'il doit pénétrer et je suppose qu'il a été entraîné à « habiter la fonction ». Pour son nom et son teint mat, j'ai trouvé que ce serait bien, lui le métis z'arab, de lui donner une origine mauresque).

Il va comme prévu à Barcelone en voiture de location et, une fois là-bas là-bas, il la laisse dans un parking. De là, il se remet à nouveau dans la peau de Ferouane et se rend à Marseille par autocar via Toulouse et il prend un avion pour Saint-Denis en présentant la carte d'identité subtilisée dans la voiture accidentée.

À l'aéroport Roland-Garros, il va au comptoir LocaCar : « Excusez-moi, je viens de réaliser que ma carte de crédit n'est plus valide ». « En deçà de mille euros, nous acceptons les espèces, monsieur ». « Tant mieux, j'aurais été bien embêté ».

À partir de ce moment-là, il se rend à Bois-Blanc et se présente à tout le monde comme étant Nazer. Une fois son forfait accompli, il rentre en métropole, reprend son identité d'infiltré, Didier Ramon Rego, et, part à Barcelone en autocar afin de poursuivre sa mission »

Le lendemain, avant de se rendre à la brigade, Franck s'arrêta à l'agence de voyages de la rue Juliette Dodu : « C'est décidé, j'emmène Deborah à l'île aux Nattes ... écouter Chet Baker sur les plages désertes, boire du « Sex on the Beach » au Maningory, face au lagon, déjeuner au Princesse Bora Lodge ou à Idylle Beach ».

FIN

Mentions poétiques

Anchaine

Extrait du recueil Les Salaziennes, de Auguste Lacaussade (1839)

Mais quel est ce piton dont le front sourcilleux

Se dresse, monte et va se perdre dans les cieux ?

Ce mont pyramidal, c'est le piton d'Anchaine.

De l'esclave indompté brisant la lourde chaîne,

C'est à ce mont inculte, inaccessible, affreux,

Que dans son désespoir un Nègre malheureux

Est venu demander sa liberté ravie ;

Il féconda ces rocs et leur donna la vie

Car, pliant son courage à d'utiles labeurs,

Il arrosait le sol de ses libres sueurs.

Il vivait de poissons, de chasse et de racines ;

Parfois, dans la forêt ou le creux des ravines,

Aux abeilles des bois il ravissait leur miel,
Ou prenait dans ses lacs le libre oiseau du ciel.
Séparé dans ces lieux de toute créature,
Se nourrissant des dons offerts pas la nature,
Africain exposé sur ces mornes déserts
Aux mortelles rigueurs des plus rudes hivers,
Il préférait sa vie incertaine et sauvage
À des jours plus heureux coulés dans l'esclavage ;
Et, debout sur ces monts qu'il prenait à témoins,
Souvent il s'écriait : je suis libre du moins !
Cependant, comme l'aigle habitant des montagnes,
Qui du trône des airs descend vers les campagnes,
Sur la terre et les champs plane avec majesté,
Et, s'approchant du sol par sa proie habité,
La ravissant au ciel dans sa puissante serre,
Reprend son vol royal et remonte à son aire ;
Le noble fugitif, abandonnant les bois,
De son mont escarpé descendait quelquefois ;
Il parcourait les champs, butinait dans la plaine,
Et revolant ensuite à son affreux domaine
Par l'âpre aspérité d'un sentier rude et nu,
Invisible aux regards et de lui seul connu,
Il regagnait bientôt sa hutte solitaire.

Mentions cinématographiques

- Pusher de Nicolas Winding Refn (1996, 2004 et 2005)
- Razzia sur la chnouf d'Henri Decoin (1955) avec Jean Gabin
- Donnie Brasko de Mike Newell (1996) avec Johnny Depp
- Gangsters d'Olivier Marchal (2001) avec Richard Anconina
- Grand Budapest Hôtel de Wes Anderson (2013) avec Ralph Fiennes

Sex on the Beach

Recette originale

3 cl de vodka

3 cl de liqueur de pêche

6 cl de jus d'ananas

6 cl de jus de Cranberry

Mettez le tout dans un shaker, ajoutez des glaçons puis secouez et servez

Remerciements

Je remercie particulièrement Noëlla, Annie et Gaby pour leur temps, leur regard critique et leur soutien pendant l'écriture de ce livre. Une pensée également pour mes cousines et cousin de La Réunion, Hélène, Marion et Philippe ainsi que pour mes amis de Sainte-Marie, Île aux Nattes, Madagascar.

L'auteur

De parents réunionnais, l'auteur est né et a vécu son adolescence à La Réunion. Il vit en métropole depuis l'âge de seize ans. Après une carrière de consultant en France métropolitaine et au Canada, il se consacre désormais aux voyages, à la musique et à l'écriture.

En 2014, dans un récit intitulé Le théâtre de mes opérations, il avait fait partager à ses filles cette période heureuse de son enfance passée au Quartier Français et à Saint-Denis.

Le mort de la pleine lune est son premier roman.

www.ingramcontent.com/pod-product-compliance
Lightning Source LLC
LaVergne TN
LVHW041153080426
835511LV00006B/574